Das einzige Gemüse, auf das man sich hundertprozentig verlassen kann, heißt Radieschen von unten.

Wiglaf Droste

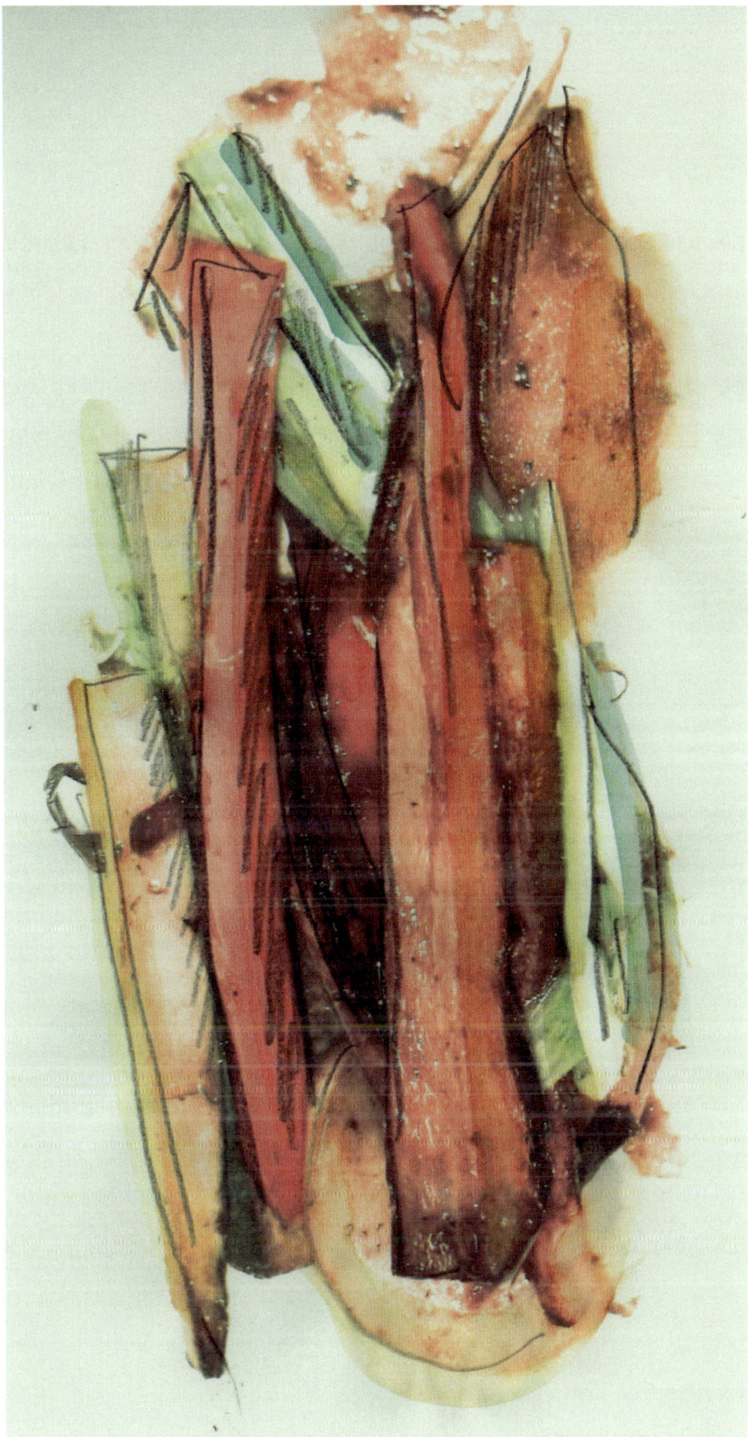

La torre di legumi

GEMÜSE AN SICH

Ein schlechter Ruf kommt nicht von ungefähr. Jedes Geraune, Gerücht, jede Diffamierung enthält häufig wenigstens einen kleinen Funken Wahrheit. Sei es nur, dass die Melodie eines Wortes etwas Unentschiedenes, Beliebiges oder Fades transportiert. „Gemüse" – wem dieses Wort über die Lippen soßt, der erwartet bestimmt etwas Faderes als bei der maskulinen, schussartigen Gewaltmelodik, mit der das Wörtchen „Steak" uns alarmiert.

Warum werden pubertierende Backfische, politisch unkorrekt, auch „junges Gemüse" genannt? Weil sie oft nerven? Einige Gründe fielen einem ja wirklich ein. In Berufsküchen gibt es daher keinen Gemüsekoch, sondern nur das Gegenüber des Sauciers, also des Bratenkochs. Der „Gegenüberkoch" auf der anderen Herdseite hört in der Welt des Berufskochs auf den Namen „Entremetier" und kann tatsächlich mit „Gegenüberkoch" übersetzt werden. Er nahm bisher eine unbeliebte Position ein. In keinem Bereich muss man mehr schuften, nämlich schnippeln, tournieren, Kartoffelpüree schlagen oder beispielsweise eine Karotte in mundgerechte Stückchen schnitzen. Den Beifall bekommt ungerechtfertigt fast immer der Koch diesseits des Herds. Der Küchenheld, der die Steaks brät, die Enten schmurgelt und die Fische hoffentlich nicht versalzt.

Ein gutes Restaurant hat mindestens fünfzehn verschiedene Sorten Gemüse am Start. Wirft man einen Blick in den „Hering", das verbindliche Lexikon der Berufsköche, dann sind dort beispielsweise einige hundert verschiedene Kartoffelvariationen aufgeführt. Ich könnte es einem Entremetier nicht verübeln, wenn er an seinem freien Tag niemals Gemüse anrühren würde. Mit dem Gemüse ist es ein Kreuz. Die Kindheit, die alle so wohlwollend nostalgisch besingen und beflöten, wird automatisch zum Gewaltszenario, wenn die Rede auf ein gewisses Grünzeug, nämlich den kuhfladenartigen Spinat, kommt. Von Mutter wurde er trotzdem als sooooo gesund ausgelobt, dass er allein deshalb schon unter Verdacht geriet. Kaum drei Jahre alt, empfand ich den Mampf bereits als allererste bewusst wahrgenommene Gewaltanwendung. Die dazu gereichte rustikale Pädagogik, die in Zwangsernährung mündete, tat ein Übriges. Kam durchfallfarbener Spinat auf den Tisch oder Bohnen, die nicht grün, sondern ins Nato-Oliv changierten, oder war das Gemüse mit Mehl vermengt und dadurch zum Briefbeschwerer entartet, mussten wir Kinder oft bis in den Nachmittag hinein am Teller ausharren, bis Mutters Küchenunfälle endlich vertilgt waren.

Als zusätzliche Beilage setzte es, wenn gar nichts vorwärtsging, Prügel mit dem Teppichklopfer oder Gewalt ohne technische Hilfsmittel, also beispielsweise Ohrfeigen oder Kopfnüsse. Matschgemüse wie Spinat und dazu eine Ration Gewalt, das alles war ein einziges geschlossenes System der Unterdrückung.

Diese Zeiten sind vorbei, aber ein zweifelhafter Ruf haftet dem Gemüse noch immer an und nimmt vielen die Lust. Freilich: „Im Fleisch steckt Kraft", so tönt ein blöder Werbeslogan, das Gemüse jedoch ist allenfalls nur „gesund", von wohlschmeckend redet niemand. Muss man sich nämlich auf das Attribut gesund herausreden, dann ahnt selbst der wenig sensible Hirnkasten einen Hinterhalt. Was gesund ist, das schmeckt häufig einfach nicht, und für diese Unterstellung findet man unzählige Beweise.

Oder sind das alles nur Gerüchte, Nachbeben kindlicher Ernährungs-Schicksalsschläge? Mag sein, aber vielleicht liegt es auch daran, dass man sich mit der Zubereitung der ohnehin gesunden Pflanzen keine Mühe geben muss.

Verhält es sich womöglich wie mit der jüdischen koscheren Küche, die – seit Jahrhunderten hygienisch gut erprobt, gottgefällig sowieso – oft nicht mehr fein abgestimmt und gewürzt werden will? Das erinnert mich an die geweihte Oblate, die mir in der Klosterschule der Priester am Ende des Gewaltparcours eines Hochamts inklusive Weihrauchvergiftung auf der Zunge parkte, sodass ich mir als Ministrant schon dachte, „der Jesus schmeckt aber jesusmäßig fad".

Wozu würzen, wenn etwas heilig ist? Wozu sich kochkünstlerische Gedanken machen, wenn etwas gesund ist? Wozu überhaupt einen Gedanken darauf verschwenden, wenn ein undefinierbarer Klödder den Teller verunziert? Weite Teile der Bevölkerung halten auch heute noch Gemüse für eine Zumutung, die zum Essen gehört, weil man sich mit Fleisch allein nichts Gesundes einverleibt. Was wäre ein amorpher Hamburger ohne das knackige Salatblatt, die Gurkenscheibe, mit der man sich oft einen ganzen Tag vergurken kann? Alles ist weich und jauchig, nur das Grünzeug knackt. Jawohl, denn irgendwann kam die Ernährungswissenschaft darauf, dass auch Gemüse knackt, dass man also die Früchte des Gartens nicht mehr mausetot kocht.

Der Vitamingehalt ist besser, wenn man Gemüse halb roh serviert. Noch gesünder soll Gemüse sein, das man sich wie ein Neandertaler reinwürgt, nämlich total roh. Ich würde an das Zuträgliche gerne glauben, wenn nur viele Rohköstler nicht einen solch gesundheitlich verelendeten Eindruck machten. Das Gemüse strahlt in allen Farben, doch diejenigen, die es unbehandelt vertilgen, grad so wie es aus dem Boden kommt, warum blickt diese Spezies oft so lehmgrau aus der Wäsche?

Es ist ein Kreuz, und ich glaube, das Fernsehen ist daran schuld. Nein, eigentlich nicht das Fernsehen pauschal, sondern erst mit der Einführung des Farbfernsehens begann der massenweise Betrug der Sehorgane. Plötzlich entdeckte man das bunte Gemüse und weil es in Bunt so hübsch anzugucken ist und weil die Farben der unzähligen Gemüsevarietäten sich in halb rohem, knackigem Zustand besser erhalten, rückte die Kochkunst durch farbiges Gemüseschnitzwerk ein Treppchen höher.

Keine Frage, viele Köche möchten Künstler sein, und weil es nicht für die Kunstakademie reichte, wird Gemüse misshandelt und verschnitzt, geflochten, verbogen, denaturiert, umstrukturiert, verwürzt und arrangiert. Diese Artisten, die ihr eigenes Zeugs selbst oft nicht richtig mögen, sondern nur messerspitzenweise probieren, finden sich zur Rekonvaleszenz dann gerne in bürgerlichen Wirtschaften wieder ein. Auf die Standard-Journalistenfrage nach dem Lieblingsgericht outet sich der hippe Koch gerne mit Linsen und Spätzle, Hackbraten oder Rindsrouladen.

Wieder zu Hause in des Kochkünstlers Edelstahllabor werden dann feine Täubchenbrüstchen mit injiziertem Trüffelfond unter der Haut auf viereckige Teller abgelegt und das Ganze wird mit einem Minigemüsearrangement aufgehübscht. Arcimboldo hätte sich das alles nicht schöner arrangieren und schöner malen können. Ständig ist die Rede von schönem Gemüse. Beim Zeitgeistbrutzler und Gemüsepochierer läuft es also gerade andersherum als bei der Oma, deren herrlich schmeckende Schnippelbohnen weich wie Kompost im Topf vor sich hin dämmerten und darum meist beschissen aussahen. Ja, die Hausmannskost trieb damals manchen Mann aus dem Haus. Oft war sie aber besser als ihr Ruf.

Mit dem Yin und Yang habe ich es eigentlich nicht, aber es stimmt schon, wo viel Schatten, da viel Licht. Wo viel Dummheit, da findet man in der Nähe auch das Nachdenkliche. Schon zu Großvaters Zeiten gab es Großmütter, die aufs Gemüse keinen Hass schoben, sondern mit Respekt und Lust die Ernte des Gartens würdigten. Und nicht alle Köche sind Plumpsköche. Vor Jahren schon legte sich in Paris das Restaurant „L'Arpège" eine eigene Gärtnerei zu und führt bis heute Gemüsekreationen auf der Speisekarte, für die man 80 Euro bezahlen muss. Nicht gerade billig, aber auch kein Wucher. Alain Passard könnte man einen Gemüsekünstler nennen. Der eigenwillige Koch legt auch gerne mal einen Blumenkohl anstelle der Blumen auf den Tisch. Wenn man überlegt, dass einige Pinselstriche im gehobenen Galeriewesen mal geschwind eine halbe Million kosten können, dann ist Gemüsekunst relativ preiswert. Gut, Paris war noch nie wohlfeil. Man muss als guter Koch auch nicht unbedingt die Lohnkosten einer Supergärtnerei auf die kleine Gästeschar umlegen. Oder doch? Warum eigentlich nicht, denn gutes Gemüse steht gutem Fleisch in nichts nach. Heute ist das „L'Arpège" ein wichtiger Anziehungspunkt für internationale Gourmets. Alain Passard regt mit seiner Kochkunst an, sich intensiver mit Gemüse zu befassen. An dieser Stelle ein Sonderlob.

Man kann sich mit Gemüse eine wunderbare Welt schaffen und riechend und schmeckend sein Leben bereichern. Man wird auch feststellen, dass natürlich gewachsene Karotten & Co, also Bioqualität, besser schmecken als industriell gezogenes Gemüse. Freilich, auch das stimmt: Mancher Biogärtner hat „sein Sach" nicht richtig gelernt und bietet faden Murks oder hocharomatisch Verholztes. Andererseits gibt es konventionelle Gärtner, die sich nicht verstecken müssen. Nicht aufregen, sage ich immer, schmeckt ein Kohlrabi nach gar nichts, dann muss man halt den Gärtner wechseln.

Wer Wert auf gute Ware legt, sollte auf Wochenmärkten einkaufen. Frisch muss das Gemüse sein, nicht nur frisch aussehen oder frisch abgepackt oder womöglich frisch aufgetaut. Geerntete Gartenerzeugnisse verlieren mit jeder Stunde an Geschmack. In Folie eingeschweißtes Zeug, als hygienisch angepriesen, hat oft lange Transportwege hinter sich, und außerdem fühlen sich feindliche Bakterien unter Folie ganz besonders wohl.
Von den modernen Verpackungsmethoden und diverser Haltbarkeits-Chemie wusste meine Mutter damals noch nichts. Sie kaufte für den täglichen Bedarf. Sie kochte manchmal schlimmen Unrat zusammen, war allerdings auch keine Hobbyköchin mit ständiger Feiertagslaune. Sie malochte als Mussköchin, die oft keine Lust hatte, die Brut zu füttern, trotzdem versah sie stoisch ihren Dienst. Aber wenn sie Lust und gerade keinen Ärger mit dem Alten oder uns Kindern hatte, dann dünstete sie mit Deckel auf dem Topf beispielsweise ein Kohlräbchengemüse. Mit etwas Sahne und Muskat versehen. Ich könnte darob heute noch ins Schwärmen geraten. Die Kunst bestand darin, die Natur nicht zu verbiegen, sie aber trotzdem ein klein bisschen besser zu machen als vom Herrgott vorgesehen.

AUBERGINEN GEFÜLLT

Für 2 Personen

2	Auberginen, geschält und klein gewürfelt
2	Auberginen
1/2	abgeriebene Zitrone
1	Zwiebel, fein gehackt und kurz gedünstet
1 EL	gehackte Petersilie
1 Bund	Basilikum, fein geschnitten
2 EL	Olivenöl
1	Ei
1 EL	Parmesan
	Meersalz, Pfeffer
	einige Butterflocken

Die beiden gewürfelten Auberginen in Olivenöl scharf anbraten. Die beiden anderen Auberginen ungeschält der Länge nach halbieren, auf ein gefettetes Backblech legen und etwa 12 Minuten im vorgeheizten Backofen dünsten, dann abkühlen lassen. Das Fruchtfleisch herausschälen, fein hacken und mit abgeriebener Zitrone, gehackten Zwiebeln, Petersilie und Basilikum mischen. Die Masse in heißem Olivenöl kurz anbraten.

Mischung etwas abkühlen lassen. Ei und Reibkäse untermischen und mit Pfeffer und Salz abschmecken. Die Masse in die Auberginenhälften füllen. Einige Butterflocken obenauf und bei 220 Grad im Ofen 15 Minuten backen.

SALAT VON LAUWARMEN AUBERGINEN

Für 2 Personen

4	Auberginen
2 EL	kalt geschlagenes Olivenöl
	Saft einer Zitrone
1 Bund	Schnittlauch, fein gehackt
	grober, schwarzer Pfeffer
	Salz

Die Auberginen vom dicken Ende zum Blütenansatz in Scheiben schneiden, so dass die Früchte am Blütenansatz zusammenbleiben. Die Früchte um 90 Grad drehen und ebenso einschneiden.

Nun haben wir lange, dicke Streifen, die aber wie ein Bündel vom Blütenansatz zusammengehalten werden.

Die Auberginen 10 Minuten in kochendem Salzwasser blanchieren. Auf einem Tuch abtrocknen lassen. Aus den restlichen Zutaten eine Marinade herstellen und die Auberginen darin für zwei Stunden einlegen. Eventuell mit Pfeffer und Salz abschmecken.

AUBERGINE MIT TOMATEN GRATINIERT

Für 2 Personen

2	Auberginen
1	Zwiebel, fein gehackt und kurz gedünstet
1 EL	gehackte Petersilie
2	Fleischtomaten
1 Bund	Basilikum, fein geschnitten
2 EL	Olivenöl
2 EL	Parmesan
	einige Butterflocken
	Pfeffer, Meersalz

Auberginen ungeschält der Länge nach halbieren und das Innere aushöhlen.

Das Fruchtfleisch herausschälen, fein hacken und mit den gehackten Zwiebeln, Petersilie, gehackten Tomaten und Basilikum mischen. Alles in heißem Olivenöl so lange braten, bis die Flüssigkeit eingekocht ist und die Masse sich relativ trocken präsentiert.

Mischung mit dem Parmesan vermengen. Abschmecken mit gehacktem Basilikum, Pfeffer und Salz. Die Masse in die Auberginenhälften füllen. Einige Butterflocken obenauf und bei 220 Grad im Ofen 15 Minuten grillen.

AUBERGINE MIT TOMATENMOUSSE UND PARMESAN

Für 2 Personen

2	Auberginen
1	Zwiebel
1 EL	Blattpetersilie
4	Fleischtomaten
2 EL	Olivenöl
2 EL	Parmesan
1 Bund	Basilikum, fein geschnitten
2 EL	Semmelmehl
	Meersalz, Pfeffer
	einige Butterflocken

Auberginen in fingerdicke Scheiben schneiden und in Salzwasser blanchieren.

Alles klein hacken, Zwiebeln, Petersilie und Tomaten in heißem Olivenöl so lange wenden, bis die Flüssigkeit eingekocht ist und die Masse fast an eine Paste erinnert.
Mischung mit dem Parmesan vermengen. Abschmecken mit grob geschnittenem Basilikum, Pfeffer und Salz.

Die Auberginenscheiben gut trocknen, pfeffern, salzen und in Semmelmehl wenden, abklopfen und in Olivenöl von beiden Seiten braun rösten.

Die Masse auf die Auberginenscheiben streichen, einige Butterflocken obenauf und bei 220 Grad im Ofen 10 Minuten grillen.

AUBERGINEN MIT PAPRIKA-GURKEN-SAUCE

Für 2 Personen

4	kleine Auberginen
1	Zitrone
1	rote Paprika
2	Fleischtomaten
1	Salatgurke
1/2	Bund Schnittlauch
4 EL	Olivenöl
1 EL	Agavensirup
1 Bund	Petersilie
1 Msp.	Cayennepfeffer
1 TL	brauner Zucker, Pfeffer, Salz

Die Auberginen in fingerdicke Scheiben schneiden und 5 Minuten in kochendem Salzwasser blanchieren. Auf einem Tuch abtrocknen lassen. Die Zitrone darüberpressen. Paprika in den heißen Ofen legen, die Tomaten in heißes Wasser tauchen und von beiden die Haut abziehen. Die Früchte halbieren und die Kerne entfernen. Gurke schälen und in Stücke schneiden. Den Schnittlauch fein schneiden.

Aus 2 EL Olivenöl, Zitronensaft, braunem Zucker, fein geschnittenem Schnittlauch und frisch gemahlenem Pfeffer eine Marinade herstellen und die Auberginen darin 2 Stunden einlegen.
Paprika, Tomaten, Gurken, 2 EL Olivenöl, Agavensirup und Petersilie im Mixer pürieren und mit Cayennepfeffer, Salz und frisch gemahlenem Pfeffer abschmecken. Zum Schluss mit Schnittlauch verfeinern. Auberginen auf Tellern anrichten und mit der Paprika-Gurken-Sauce servieren.

AUBERGINENMOUSSE

Für 2 Personen

2	große Auberginen
2	Rosmarinzweige
2	Schalotten, fein gehackt
1	Knoblauchzehe
2 EL	Olivenöl
	Pfeffer, Salz
1 TL	gehackter Rosmarin

Mit einer Stricknadel einige Löcher in die Haut der Auberginen pieksen. Dann mit der Stricknadel die Früchte der Länge nach durchbohren und je einen Rosmarinzweig durch die Öffnung ziehen. Den Ofen auf 180 Grad vorheizen, die Auberginen hineinschieben und 45 Minuten garen.

Die Früchte halbieren und das weiche Innere herauskratzen. Schalotten und Knoblauch in Olivenöl anschwitzen, pfeffern, salzen, den gehackten Rosmarin dazu und alles miteinander vermengen.

Mit dem so gewonnenen Mus kann man sich selbstverständlich kreativ austoben, dass die Küche wackelt. Eine schöne Möglichkeit wäre auch, eine Kuchenform mit dünn gewelltem Mürbteig auszulegen (salzig), die Auberginenpaste hineinzustreichen und im Ofen zu backen.

AUBERGINENRÖLLCHEN

Für 2 Personen

1–2	Auberginen (ca. 500 g)
1	kleine Zwiebel, fein geschnitten
3	Tomaten, gewürfelt
2 Scheiben	Kastenweißbrot ohne Rinde
100 g	Feta
2 Zweige	Minze, fein gehackt
1	Ei
75 g	Parmesan, frisch gerieben
	Salz, Pfeffer, Olivenöl

Die Auberginen waschen, putzen und längs in 4 mm dicke Scheiben schneiden. Die Scheiben kurz in Salzwasser blanchieren. Anschließend mit Küchenkrepp trocken tupfen und in einer Pfanne mit Olivenöl kurz von beiden Seiten anbraten. Auf Küchenkrepp geben und das Fett abtupfen.

Die Zwiebel in einer Pfanne mit Olivenöl anschwitzen, Tomaten untermischen und 5–10 Minuten einkochen.

Brot und Käse in kleine Würfel schneiden, mit den geschmorten Tomaten mischen.
Minze und Ei unterrühren und mit Salz und Pfeffer abschmecken.

Auf jede Auberginenscheibe 2 EL Füllung geben und aufrollen. Eine Auflaufform mit Öl ausstreichen, die Röllchen hineinsetzen und mit Parmesan bestreuen. Im Ofen bei 200 Grad 8–10 Minuten backen.

MOUSSAKA

Für 2 Personen

1	Aubergine
1	Zwiebel
2	Fleischtomaten
2	abgekochte Kartoffeln
4 EL	Olivenöl
1	Lorbeerblatt
6 Zweige	Thymian
100 g	griechischer Feta
200 g	griechischer Naturjoghurt
2	Eier
	Salz, Pfeffer

Den Backofen auf 180 Grad (Umluft 160 Grad, Gas Stufe 3) vorheizen.

Die Aubergine der Länge nach in 5 mm starke Scheiben schneiden, salzen und 10–15 Minuten ziehen lassen. Zwiebel schälen und fein schneiden.

Die Tomaten häuten, entkernen und würfeln. Die gekochten Kartoffeln in Scheiben schneiden.

Die gewürfelte Zwiebel in 1 EL Olivenöl anschwitzen, Lorbeerblatt und Thymianzweige zugeben, mit Salz und Pfeffer würzen und ca. 5 Minuten braten. Thymian und Lorbeerblatt wieder herausnehmen.

Die Auberginen abwaschen, trocken tupfen und in 3 EL Olivenöl anbraten. Auberginenscheiben, Kartoffelscheiben und Tomatenwürfel abwechselnd in eine gefettete feuerfeste Form schichten.

Den Feta zerkrümeln und mit einem Löffel Joghurt und den Zwiebeln vermischen, restlichen Joghurt mit den Eiern vermischen und über die ganze Form verteilen. Den Käse darauf verteilen und im heißen Ofen 20 Minuten backen.

Dazu passt gut Romanasalat.

ARTISCHOCKEN

Die Artischocken auf Poveglia

Mir lief der Schweiß in Strömen die Wangen hinab. Die Sonne stach herunter und nirgends war Schatten zu ergattern. Wie auch? Schließlich befand ich mich in einem Indianerkanu auf den stillen Wassern der Lagune vor Venedig.

Ich schipperte auf Westkurs, ohne dass ich meinen Kompass bemühen musste, denn der Sonnenstand ist allemal zuverlässiger. Außerdem war die Sicht hervorragend. An der Insel San Clemente vorbei steuerte ich auf Isola San Spirito zu, daran vorbei und befand mich eine halbe Stunde später an einer luxuriösen Anlegestelle aus kunstvoll behauenem Stein, von der eine breite Steintreppe nach oben führte. Selbst das schmiedeeiserne Geländer war trotz jahrelanger Verlassenheit noch gut beieinander. Ich vertäute das Boot und stieg die Treppe hinauf. „Poveglia" stand auf meiner Seekarte, und die riesigen Gebäude zeigten sich reichlich verwahrlost. Es war nun gegen Mittag, die Hitze stand wie unter einer glühenden Bratpfanne. Ich legte mich erst mal unter einen dicht belaubten Feigenbaum und griff mir einige Früchte.

Die großen, schlossartigen Gebäude, die heute ein Luxushotel beherbergen, ließ ich beiseite und schlug mich durchs wild wuchernde Gebüsch, um die Insel weiter zu erkunden. Ein ausgetretener Pfad zeigte mir, dass hier nicht die völlige Ödnis herrschte. Ich roch Holzfeuer. Meine Nase wies mir den Weg, bald sah ich den Qualm. Ein schönes Gärtlein tat sich auf. An dessen Rand, neben einer hohen Mauer, hantierte gebückt ein Mann. Er war alt, das war selbst von hinten zu erkennen.

Aus groben Brettern und vier Pfählen war ein Tisch zusammengenagelt, der an ein Stehpult erinnerte. So etwas hatte man im Garten, um Blumentöpfe mit Erde zu versorgen und sich Pikierarbeiten hinzugeben, ohne dass man allzu sehr buckeln musste. Rechts an der Mauer befand sich ein windschiefer Holzschuppen, links zog sich ein tennisplatzgroßes Artischockenfeld hin. Wunderschöne, brusthohe Pflanzen mit Blättern wie Palmwedel, dazwischen jede Menge Carciofi mit lila-stacheligen Spitzen.

Der Mann drehte sich nicht um, sondern hob bloß den Kopf und sprach nach Norden in Richtung Festland: „Lei è stato qui già da un ora." – „Sie sind schon eine ganze Stunde hier." Ich war erstaunt, hatte ich mich doch lautlos wie ein Indianer an Land begeben. Ich ging um ihn herum, damit er nicht glaubte, ich wolle ihm in den Rücken fallen.

Er hatte Aluminiumfolie in ellenbreite Stücke gerissen und wickelte Artischocken darin ein. Jetzt schaute er mich an. Offenbar war er überzeugt, ich hätte ihn verstanden, er lächelte. Sein Gesicht erinnerte an eine verwitterte Felswand, aber die Augen schauten warm und verständnisvoll. Auf meine Verwirrtheit reagierte er, wie man einem ertappten Kind Güte und Verständnis anbietet. Er wies auf das nahe gelegene Gestrüpp: „Seitdem sind die Vögel still."

Ich verstand nur etwas wie „Ucello silentium". Der Alte sah nicht aus, als hätte er jemals viel Zeit mit Lesen und Schreiben verbracht. Doch er strahlte eine Weisheit aus, wie man sie manchmal bei alten Leuten auf dem Land antrifft, die trotz großer Intelligenz die Schule nicht besuchen durften, weil man ihre Arbeitskraft daheim in der Landwirtschaft benötigte. Solch Benachteiligte könnte man am treffendsten trotzdem als Naturgelehrte bezeichnen. Außerhalb der technisierten Welt gibt es unglaublich viel zu lernen, sicherlich mehr als das Wissen aller Universitäten zusammen.

Zwei Artischocken hatte der Opa bereits eingewickelt. Er griff nach einem Messer mit abgenutztem Holzgriff und kurzer, schnabelartig nach unten gekrümmter Klinge aus grobem Eisen. Die Beine storchenartig hochhebend, stelzte er aufs Artischockenbeet zu. Einige Pflanzen wurden begutachtet und offensichtlich nicht für würdig erachtet. Schließlich wurde er fündig und schnitt eine Artischockenknospe ab. Sein Daumen lag am Stängel, das Messer von den übrigen Fingern umklammert auf der anderen Seite. Langsam, aber mit Nachdruck zog er schräg nach oben. Mit der anderen Hand fing er die fallende Artischocke, um sie gleich in der Jackentasche seines blauen Antons verschwinden zu lassen. Noch eine köpfte er mit derselben Artistik. Als er wieder auf mich zutaperte, begriff ich, dass er das Laufen vor einiger Zeit neu gelernt haben musste: Schlaganfall oder so.

Er wickelte die neue Beute ebenfalls in Alufolie, griff sich einen Holzprügel und stocherte in der Mitte des Feuers ein großes Loch, worin er die Artischockenpäckchen versenkte. Dann schob er die glühenden Holzbrocken darüber, richtete sich auf und schniefte befriedigt.

Der Steherei überdrüssig, stammelte ich etwas von „Signore, grazie, sono alla mio barca!“. Offensichtlich verstand er, ich wollte zum Boot. Er hob den Arm und stieß ein Wort hervor, das ich hier nie erwartet hätte: „Okay“.

Nur „Okay“ krächzte er, sonst nichts. Ich wandte mich zum Gehen, als er mich wie ein abfahrendes Taxi anhielt. „Stop!“, rief er, und: „Signore, torni fra dodici minuti!“ Das Wörtchen „dodici“ kannte ich von einem Restaurantbesuch in Verona, als das Restaurant „Dodici Apostoli“ noch seinen guten Ruf verdiente. Ich ahnte, dass mir eine kulinarische Premiere bevorstand, rief meinerseits „Okay“ und schob ein „Tante grazie!“ nach. An der Kaimauer brachte ich die Innereien meines Boots in Ordnung, kramte das Zelt heraus, bog die Stäbe und zog die Zeltfolie darüber. Die Luftmatratze wurde aufgeblasen.

Hier wollte ich noch in Frieden die Nacht verbringen, bevor ich mich der von Wassertaxis aufgewühlten See des Giudecca-Kanals aussetzte. Wer jemals Venedig mit einem Hobbyboot zu kapern versucht hat, der weiß, mit welchem Jauchzen und Feixen die Macho-Capitani den friedlichen Kanuten aus seiner Nussschale kippen wollen. Da ist es besser, man wirft sich gut ausgeschlafen ins Getümmel. Ich richtete alles für den Abend her, und auch das wichtigste Utensil, zwei Flaschen Weißwein, stellte ich parat. Mit einer davon trabte ich zum Artischockenkoch hinüber.

Er grinste. Auf dem Tisch stand eine Sprudelflasche, aus der goldgrünes Olivenöl funkelte. Eine kleine Tüte mit Salz lehnte dran, und zwei einigermaßen sauber geriebene Blumentopf-Unterteller sollten wohl die Teller sein. Der Mann hatte Stil. Eine verrostete Blechdose stand auch da. Wozu die wohl dienen mochte? Ich befand mich in einem Elysium der Gastlichkeit und freute mich, die Weinflasche mitgenommen zu haben. Mächtig stolz präsentierte ich einen brühwarmen Pinot grigio. Nichts Edles, sondern an einer Tankstelle bei Padua zugeladen. Es war ein Wunder, dass ich bis dorthin keinen Strafzettel bekommen hatte, denn ich fuhr mit meinem Kanu auf dem Dach weit über den erlaubten hundert Kilometern pro Stunde, immer so um die hundertachtzig Sachen.

Auf der Insel lebte es sich geruhsamer. Der Alte stocherte im verglühenden Holz, klemmte zwischen zwei Holzstecken einen schwarz-verrußten Aluklumpen und balancierte ihn auf die Holzbretter vor mir. Ich entwand ihm mit hilfreicher Geste die krummen Äste und setzte die Schatzsuche in der Glut fort. Ein Päckchen ums andere kam auf den Tisch. Signor Poveglia stakte zum Holzschuppen und kam mit zwei Marmeladengläsern in der Hand zurück: Der Buongustaio trinkt nicht aus der Pulle. Mit etwas Zeitungspapier rieb er die beiden Gläser aus. Sie blieben matt und schillerten antik, als handelte es sich um einen altrömischen Nachlass.

„Sono Carlo!" Man kam sich näher. „Sono Vincenzo!" Um meine Begeisterung kundzutun, schnitt ich Grimassen der Wollust und verfluchte meine Faulheit, die mich am Italienischlernen gehindert hatte. Aus einer Plastiktüte war ein Kanten Brot gezaubert worden, und in die Blechdose goss Carlo fingerhoch Olivenöl. Ein Blatt ums andere zog ich aus der Frucht, tunkte es ins Öl, streute ein bisschen Salz drauf, schob das löffelartige Grünzeug in den Mund und zog mit zusammengedrückten Zähnen das Fruchtfleisch ab. Der Artischockenkoch hatte seine Sache gut gemacht, alle Zutaten waren von erster Güte. Für meinen Tankstellenwein schämte ich mich ein bisschen. Bei einem Kochwettbewerb in Manhattan wäre Artischocken-Carlo sehr gut angekommen. Alle Gourmet-Zeitschriften, aber auch viele Soziologen besingen momentan als wichtigste Kriterien des Essens Echtheit und Exotik. „Essen muss authentisch sein,

handwerklich hergestellt, nahe der Natur und ohne die Deformationen experimentierfreudiger Köche." So oder ähnlich klingt das dann. Bill Bufords „Hitze" ist zu entnehmen, gutes Essen sei mit bestimmten Orten verbunden. Salz muss aus dem Himalaya kommen, das Öl aus einem ganz bestimmten Hain und das Fleisch von einer Kuh namens Martha. Davon wusste Carlo nicht das Geringste.

Wir blickten in die schräg durch die Bäume einfallenden Sonnenstrahlen, ein letztes Blinzeln der Sonne legte sich auf uns. Wir tranken und aßen still. Es begann zu dämmern, und unversehens hörte ich sie. Ja, es war geradezu lärmend: die Vögel sangen wieder.

BARIGOULE VON KLEINEN ARTISCHOCKEN

Für 2 Personen

1	Zwiebel
1	Knoblauchzehe
1/2	Fenchelknolle
300 g	kleine Artischocken (oder entsprechend große Böden)
3 EL	Olivenöl
800 ml	Gemüsebrühe
1 Stiel	Thymian
100 ml	Weißwein
10 ml	Pastis
100 ml	Wermut
1/2 Bund	glatte Petersilie
6	Kirschtomaten
	Salz, schwarzer Pfeffer aus der Mühle

Zwiebel und Knoblauch schälen und in feine Scheiben schneiden. Fenchel putzen, halbieren und den Strunk entfernen. Fenchel in feine Würfel schneiden. Das Grün beiseite stellen. Artischocken putzen. Die Böden bzw. Herzen von den gelben Innenblättern trennen. Artischockenherzen in Keile schneiden. In reichlich Salzwasser ca. 10 Minuten weich köcheln. Artischocken warm stellen. 2 EL Olivenöl erhitzen.

Zwiebeln und Knoblauch darin anbraten. Gelbe Innenblätter zugeben und etwa 2 Minuten mitbraten. Mit Salz und Pfeffer würzen. Mit Gemüsebrühe ablöschen. Fenchelgrün und Thymian zufügen und alles ca. 40 Minuten köcheln lassen. Anschließend durch ein Sieb gießen. Die Brühe zurück in den Topf geben. Weißwein,

Pastis (Anisschnaps) und Wermut zugeben und alles Weitere ca. 6–7 Minuten kochen.

Mit Salz und Pfeffer abschmecken. Petersilienblättchen von den Stielen zupfen und die Blättchen fein schneiden. Kirschtomaten abspülen und trocken schütteln. Kirschtomaten und Artischockenherzen in 1 EL Olivenöl ca. 2 Minuten braten. Salzen und pfeffern. Beides in vorgewärmte Suppentassen geben, mit der Fenchel-Artischockenbrühe aufgießen und mit Petersilie bestreuen. Dazu passt Baguette.

Sie sind auf jeden Fall kein Gemüse, denn Artischocken haben ein Herz.

Aus „Die fabelhafte Welt der Amélie"

KEINE ANGST VOR ARTISCHOCKEN

Disteln gehören für mich zu den schönsten Blumen, und die allerschönste Distel überhaupt dürfte die Artischocke sein. Wie die Rosen sind Artischocken ein Symbol für Gegensätzliches – Yin und Yang, einerseits stachelig, andererseits die wunderschönen Blüten, die nach Honig riechen – und vom nussigen Wohlgeschmack zu reden, das hieße, Eulen nach Athen zu tragen.

In den späten Siebzigerjahren lagen diese Früchte, eigentlich sind es Knospen, erstmalig in Holzkisten auf dem Gmünder Wochenmarkt, und mir oblag es, meine misstrauischen Gäste zu überlisten. Ein Freund des Hauses und stadtbekannter Bonvivant, der „Zellers Walter", saß bei mir im damaligen Restaurant „Postillion" und hatte sich eine große bretonische Artischocke bestellt. Er warf seine Künstlermahne nach hinten und legte sein faltiges Gesicht in noch mehr Falten. Der Oldtimer hatte schon gehört, dass Artischocken etwas ganz Besonderes und als erster Gang eines Menüs eigentlich die ideale Speise für einen „Mann von Welt" sein müssten. Die Artischocke kam, und Zellers Walter nahm sie sich vor. Er begann, mit dem Messer Stücke aus dem dicken Ding herauszusabeln. Es war mühevoll, aber die Messer waren einigermaßen scharf, und so schob sich der „Connaisseur" ein erstes großes Stück in den Mund. Zellers Walter kaute wie eine Kuh, und ich sah mich verpflichtet, ihm zu Hilfe zu eilen. Ich erklärte, dass man jedes einzelne Blatt aus dem Artischockenboden zu zupfen habe und die dicke Blattseite mit den Zähnen abzustreifen sei. „Lieber Herr Zeller, so machen Sie das mit jedem Blättchen, bis Sie unten am Artischockenboden angelangt sind! Sie wären dann auf dem Grund der Köstlichkeit, wo sich extra für Sie der dicke, fleischige Boden bereithält, um zu allerletzt mit Genuss verspeist zu werden. Immer wären die Blätter in Hollandaise zu tunken", dozierte ich weiter, „und mit einem Schlückchen Weißwein nebenbei wird sich alles zu einem wirklichen Gourmeterlebnis auswachsen."

Zellers Walter hörte voller Verständnis mit funkelnden Äuglein brav zu, und ich kam mir vor wie ein Chefpädagoge, der vor wissenshungrigem Auditorium eine gern und mit Freuden genommene Vorlesung hält. Zellers Walter nickte brav, dass ihm fast die Ohren wackelten. Ich trat einen Schritt zurück, und dann kappte er erneut einen dicken Brocken von der Artischocke ab, um das Stück mit Stumpf und Stiel in den Mund zu verfrachten. „Verdammt, Herr Zeller, kapieren Sie denn gar nichts?", rief ich lauthals und Zellers Walter schaute mit gütiger Miene zu mir herüber. „Bub, weisch, isch mir scho klar, wie's gehen soll, und du hast mir ja auch alles haarklein erklärt. Aber Vincent, weisch, ich bin hier der Gast, ich mache es, wie ich will, und ich tue diese Artischocke einfach gerne moschte." Also gut, ich überließ den Unbelehrbaren seiner Gewaltspeisung. Er kaute und kaute, mostete und mostete, sog den Saft aus seinem zerkleinerten Gehölz und mahlte mit den Zähnen wie ein Dromedar.

Zellers Walter blickte glücklich in die Welt, denn die Prozedur hatte so lange gedauert, dass bereits die zweite Flasche Grunbacher Wartbühl Riesling trocken geleert war und er sich mit dem Rest der Welt aufs Trefflichste arrangierte.

ARTISCHOCKE MIT OLIVENTAPENADE

Für 2 Personen

5	Sardellenfilets
1 EL	Kapern, in Salz eingelegt
1	Knoblauchzehe
1/2	mittelscharfe Chili
150 g	schwarze Oliven
7 EL	Olivenol
2 große	Artischocken
2 EL	Parmesansplitter
	schwarzer Pfeffer

Tapenade:

Sardellenfilets in kaltem Wasser ca. 1 Stunde gründlich wässern. Kapern ebenfalls in reichlich Wasser entsalzen, dabei zwischendurch das Wasser mindestens zweimal wechseln. Knoblauch schälen und fein hacken. Chilischote putzen, entkernen, fein schneiden. Oliven entsteinen und das Fruchtfleisch grob schneiden.

Die gewässerten Zutaten abtropfen lassen, trocken tupfen und mit den grob geschnittenen Oliven, Pfeffer, Chili und 5 EL Olivenöl in einen Mixer geben, nicht zu fein purieren.

Ist die Mischung zu dick, noch etwas Olivenöl unterrühren. Inzwischen die Artischocken putzen und garen. Herausnehmen, Blätter entfernen und beiseitelegen. Heu entfernen, so dass nur noch der Artischockenboden übrig bleibt. Dann das Fruchtfleisch der Blätter mit einem großen Löffel herauskratzen. Backofen auf 200 Grad Ober- und Unterhitze vorheizen. Fruchtfleisch mit 2–3 EL der

Tapenade mischen und auf die Artischockenböden verteilen. Alles mit übrigem Olivenöl bestreichen und in eine Auflaufform setzen. Die Artischocken im heißen Ofen ca. 5 – 10 Minuten backen.

Herausnehmen und mit Parmesansplittern bestreuen. Falls Tapenade übrig bleibt, mit gerösteten Brotscheiben oder Tomaten probieren. Übrigens, eine reinrassige Tapenade ist das nicht, denn diese wird ausschließlich von Oliven bereitet. diese Version ist mir aber lieber.

ARTISCHOCKEN MIT HOLLANDAISE UND SPIEGELEI

Für 2 Personen

2 große	Artischocken
1	Schalotte
1 Zweig	Estragon
6	schwarze Pfefferkörner
3 EL	Weißwein
1 EL	Gemüsebrühe
270 g	Butter
4	Eigelb
1 TL	Zitronensaft
2	Eier
	Salz
	Schwarzer Pfeffer aus der Mühle

Die Spitzen der Artischocken mit einer Schere abschneiden (muss nicht unbedingt sein, empfiehlt sich, wenn die Enden schon etwas braun sind). Artischocken vorbereiten und garen.

Inzwischen die Hollandaise zubereiten. Dafür die Schalotte schälen, sehr fein würfeln. Estragon abspülen, trocken schütteln, die Blättchen abzupfen und fein hacken. Schalotte, Estragon, zerdrückte Pfefferkörner, Weißwein und Brühe in einen kleinen Topf geben und auf etwa 2 EL einkochen. Die Mischung durch ein feines Sieb geben. Für die Sauce 250 g Butter in einen Topf geben und bei mittlerer Hitze unter ständigem Rühren sprudelnd köcheln lassen, bis sie leicht bräunt. Vorsicht: Sie kann überkochen; deshalb sofort durch ein feines Sieb in einen zweiten Topf gießen. Butter etwas abkühlen lassen. 4 Eigelb und Weinreduktion in eine Schüssel geben.

Die Mischung über einem heißen Wasserbad cremig aufschlagen. Anschließend die Schüssel herunternehmen und unter weiterem Schlagen etwas abkühlen. Nach und nach in einem dünnen Strahl die gebräunte Butter unterschlagen. Die Hollandaise mit Salz und Zitronensaft abschmecken.

Artischocken herausheben, auf ein Tablett geben, ein feuchtes Tuch darüberlegen und etwas auskühlen lassen, dann lässt sich der innere faserige Flaum, das Heu, das im Herzen der Früchte sitzt, sehr gut herauslösen. Die kleineren Blätter so entfernen, dass die Artischocke aussieht wie eine grüne Krone. Das Kochwasser erneut erhitzen, Artischocken hineingeben und erwärmen.

Inzwischen übrige Butter in einer Pfanne erhitzen, die Eier hineinschlagen und Spiegeleier braten. Mit Salz und Pfeffer würzen.

Die Artischocken abtropfen lassen, auf Tellern anrichten. Den Boden in der Mitte mit Hollandaise füllen, das Spiegelei daraufsetzen und servieren.

ARTISCHOCKEN IM GARTEN

Warum baut man eigentlich keine Artischocken in seinem Garten an? Es wäre kein Problem, die Samen an der Fensterbank anzuziehen und dann, wenn die frostfreie Zeit beginnt, nach draußen zu verfrachten. Ehrlich gesagt, ich hole mir immer die Pflanzen vorgezogen vom Großmarkt. Jeder Gemüsehändler, der seinen Beruf so ernst nimmt, dass er auch selbst auf den Großmarkt fährt, kann sie besorgen. Im ersten Jahr sind die Pflanzen meist noch nicht richtig groß. Ich decke sie über den Winter mit Strohballen zu und das bekommt ihnen sehr gut. Gewiss, ich lebe in Stuttgart, dort ist es relativ mild, kurzum, der Pflanzort sollte einigermaßen windgeschützt sein. Was den Ertrag angeht, so müsste man als Feinschmecker einen ganzen Acker anlegen, um richtig schwelgen zu können. Meinen Garten betreibe ich jedoch als Lustgarten, und da geht es mir in erster Linie um die schöne Pflanze, auf dass mich ihr Anblick erfreut. Kein Wunder, dass ich noch nie eine Artischocke aus eigenem Garten verspeist habe. Für mich sind blau blühende Artischocken die schönsten Blumen, die ich mir denken kann. Was meine kulinarischen Gelüste angeht, so bediene ich mich meistens bei italienischen Gemüsehändlern.

Dort, wo innere Winde, hervorgerufen durch üppig Speis und Trank, den Körper nahezu unbewohnbar machten – an den langen Tafeln der Klöster und beladenen Tischen des alten Frankreichs und des nicht nur alten Italiens – dort sind magenstärkende Liköre und Bitterelixiere zu Hause, und die kommen nur selten ohne die lindernde Unterstützung von Artischockenextrakten aus.

Artischocken werden nicht nur für den Feinschmecker feilgeboten, sondern ein großer Teil wird vergoren, destilliert und ist häufig die bewährte

Basis für Kräuterliköre, Magentropfen etc. Die Artischocke ist ein probates Vademecum für die Leber. Die wesentlichen Inhaltsstoffe sind der Bitterstoff Cynarin, das Kohlenhydrat Inulin sowie Calcium, Eisen, Provitamin A und das Vitamin B. Über das alles hinaus schmeckt die Artischocke wunderbar. Es ist fast schon sensationell, denn im Allgemeinen ist oraler Lustgewinn immer, wenn auch manchmal nur rudimentär, selten zum Wohle der Gesundheit. Es gibt verschiedene Artischockensorten; die größten kommen aus Frankreich, so die bretonische ‚Camus de Bretagne', die ‚Camery' oder die ‚Caribou'. Im Midi, dem Süden Frankreichs, wachsen noch etliche kleinere Sorten.

Die oben genannten Artischocken haben relativ viel Abfall. Man isst nur die fleischigen Teile der Blätter, indem man sie mit den Zähnen ausstreift und sich zum dicken Boden vorarbeitet. Bei den kleinen Sorten, die hauptsächlich in Italien beliebt sind, gibt es vier Hauptsorten: die ‚Catanese' mit den violetten Blättern, die kugelförmig geschlossene ‚Romanesco', die relativ frostempfindlich ist, die ‚Castellamare' und die ‚Spinoso Sardo', ‚Violetto Sardo', die spitz auslaufende Blätter mit langen Stacheln hat. Stacheln kommen bei der Artischocke nicht von ungefähr, sie gehört zu den Distelgewächsen und ist im Orient und rund um das Mittelmeer beheimatet, kam alsbald nach Frankreich und war dort immer eine Speise der vornehmen Bürger und des Adels.

Beim Einkauf erkennt man zu alte „Disteln" an den brauntrockenen Blätterspitzen, auch kann an der Schnittstelle des Stiels die Frische überprüft werden. Die großen bretonischen Sorten sind als abgekochte Früchte eine probate Vorspeise, die mit Sauce hollandaise oder mit Vinaigrette auf den

Tisch kommt. Die Böden können auch separat angerichtet werden. Man kann sie füllen und sogar in Streifen schneiden und in Olivenöl kross braten. Alle Arten von Artischocken sind äußerst vielseitig zu verwenden und lassen sogar ausufernder Kreativität jede Menge Raum. Sie können zu Suppe verarbeitet werden, man kann sie panieren, überbacken, füllen und so weiter.

Nun noch einmal zur Zubereitung: Die Spitzen werden mit einer Schere etwas abgeschnitten. Das muss nicht unbedingt sein, empfiehlt sich aber gerade dann, wenn die Enden schon etwas braun sind. Der Stiel wird eben am Ende des Bodens abgeschnitten. Es gibt viele umständliche Anweisungen, wie die Früchte gebunden und mit Bindfaden dressiert werden können. Das ist überflüssig. Wichtig ist, dass während dieser Arbeit bereits das Wasser auf dem Herd kocht, denn Artischocken laufen an den Schnittstellen sofort hässlich braun an. In älteren Rezepturen wird empfohlen, sie mit Zitrone abzureiben und auch eine Zitrone in das Kochwasser zu geben. Wenn man sich beeilt, ist das nicht nötig. Ich bin sogar sehr dafür, dass man nicht mit Zitronen hantiert, denn sie verfälschen den Geschmack: Ich finde es grauenhaft, wenn die Artischocke nach Zitrone schmeckt. Also, nach dem Abschneiden des Stiels kommt die Artischocke sofort ins heiße Wasser. Alles ist so zum Besten, denn für oxydatives Bräunen bleibt keine Zeit. Ohne die Zitronen bekommen die Früchte auch eine lebhaftere grüne Farbe.

Die Artischocken wollen immer aus dem Wasser ragen. Den Topf nicht mit einem Deckel verschließen, sonst nehmen sie eine aschgraue Farbe an, deshalb einen kleineren Deckel auf die Artischocken legen, damit sie genügend untertauchen. Nach zwanzig Minuten kann man nachschauen und probehalber ein Blatt herausziehen. Gelingt es und das Blättchen folgt uns willig, so nehmen wir mit dem Schaumlöffel die Früchte heraus, legen sie auf ein Tablett, geben ein feuchtes Tuch darüber und warten zwanzig Minuten, bis alles etwas ausgekühlt ist. Artischocken lassen sich gut vorbereiten, nur sollten sie nicht total auskühlen. Also möglichst nicht schon am Tag vorher zubereiten. Ausgekühlt lässt sich der innere faserige Flaum, das Heu oder Stroh, das im Herzen der Früchte sitzt, sehr gut herauspulen. Das Wasser wird aufgeheizt, und die Artischocken werden wieder erhitzt und dann zu Tisch gebracht. Auf alle Fälle achte man darauf, mit den Artischocken lieber früher zu beginnen, denn die kochend heißen Disteln vom Heu zu befreien, gibt immer verbrühte Finger.

Völlig andere Möglichkeiten bieten die kleinen Carciofini aus Italien. Das obere Drittel der spitzen Blätter wird abgeschnitten, dann müssen die Hüllblätter nach unten abgerissen werden. Alles, was grün ist, muss weg. Am langen Stiel bleibt das gelbe Herzstück übrig, auch eventuell violette Blättchen müssen entfernt werden.

Den Stiel sollte man so lang wie möglich lassen, denn er ist genauso köstlich wie der Boden. Das oft angetrocknete Ende des Stiels wird abgeschnitten. Wir sehen an der Schnittstelle den hellen weichen Kern und die dunkelgrüne äußere Schicht. Die muss weg. Vom Stielende schält man mit einem Messer in Richtung Knospe. Das äußere Dunkelgrüne des Stiels wird vom Stielende zur Knospe hin abgeschält, ähnlich wie beim Spargel. Da sich die Artischocken schnell braun verfärben, sollte man schnell arbeiten, um die Früchte ins kochende Wasser zu bringen. Meist und bei wenig Übung zieht sich die Arbeit jedoch in die Länge. Denn diese Arbeit ist etwas zeitraubend. Für gemächliche Küchenarbeiter empfiehlt sich, die geschälten Früchte in kaltes Wasser einzulegen, das mit etwas Ascorbinsäure vermischt wurde. Ascorbinsäure (Zitronensäure) ist reines Vitamin C und für wenig Geld in jeder Apotheke zu kaufen. Wer's einmal probiert hat, kauft nie mehr die sündhaft teuren Brausetabletten, sondern geht seine Erkältung wohlfeiler an. Das nur nebenbei. Weiter aber mit den Carciofini: Sie werden ungefähr zwanzig Minuten in leicht gesalzenem Wasser gekocht. Nicht zu weich, nicht zu hart. Sie sind ein Allroundgemüse, das aber auch fein gehobelt in den Salat gemengt wird und das roh mit Olivenöl in der Pfanne zu Chips gebraten oder gekocht und in Vinaigrette eingelegt jede Vesper veredelt. Gekocht und dann in Butter gebraten, eventuell mit Tomatenwürfeln vermischt, kommt im tristesten Haushalt das große Jauchzen. Knoblauch und etwas Thymian, Olivenöl, und fertig ist eine herzhafte Essensfreude, gerade an spätherbstlich trüben Tagen. Artischocken sind nämlich je nach Erzeugerland im Spätherbst bis in den Winter und im beginnenden Frühjahr auf dem Markt.

So hat man in der Jahreszeit, in der die frischen Gemüse seltener sind, eine willkommene Abwechslung der gesündesten Art. Also immer reichlich Artischocken vertilgen, so haben Sie, lieber Leser, lebermäßig immer die Nase vorn. Es geht sogar die Mär, dass mit Artischocken die blaurot geaderte Trinkernase ins Hellere umgefärbt werden kann. Na dann Prost und guten Appetit!

ARTISCHOCKE MIT SAUCE CITRON

Für 2 Personen

Große bretonische Artischocken

Den Artischocken die Blattspitzen abschneiden. Den Stiel am Blattansatz abtrennen. Zwanzig Minuten bis eine halbe Stunde in Salzwasser weich kochen. Ins kalte Wasser geben, das Kochwasser auf dem Herd lassen. Ist die Artischocke etwas abgekühlt, werden die inneren Blätter und das tief unten sitzende „Heu" mit einem Löffel herausgepult. Anschließend ist die Artischocke servierbereit und parkt im Kochwasser.

Sauce Citron

3	Eigelb
1 TL	Zitronensaft
2 EL	Weißwein
100 g	Butter, flüssig und leicht braun
1 Msp.	abgeriebene Zitronenschale
	Pfeffer, Salz

Metallschüssel auf einen passenden Topf mit kochendem Wasser setzen. In diesem Wasserbad Eigelb und Wein mit dem Schneebesen steif schlagen.

Darauf achten, dass an den Rändern nichts ansitzt. Wenn alles dick ist, vom Herd gehen, den Zitronensaft und die Schale dazugeben und noch einige Sekunden weiterschlagen. Dann die lauwarme Butter unterrühren. Mit Pfeffer und Salz würzen. Die Artischocke wird auf einem vorgewärmten Teller serviert, dazu reicht man die Sauce Citron.

Die Artischocke wird wie folgt gegessen: Die äußeren Blätter einzeln abzupfen, das artischockenfleischhaltige dicke Ende in die Sauce tunken und zwischen den Zähnen abstreifen. So arbeitet man sich langsam zum Artischockenboden durch, der zum Schluss übrig bleibt und wie ein Stück Fleisch mit Messer und Gabel gegessen wird.

CHICORÉE

Die direkte Verwandte des Chicorées nennt sich Gemeine Wegwarte. Wer sie nicht kennt, den möchte ich an eine blaue Wegesrandblume erinnern, die halbwegs als Unkraut gilt und oft mit der Kornblume verwechselt wird. Was man bei der blauen Blütenpracht nicht sieht, was die Pflanze aber so berühmt gemacht hat, das versteckt sich im Boden. Die Wurzel der Zichorie nämlich, die hat es in sich. Sie schmeckt bitter und deshalb ist auch der Chicorée bei Kindern nicht gerade beliebt.

Sind es die Lebensumstände und Nackenschläge, die mich mit fortschreitendem Alter immer mehr zu bitteren Gerichten hinziehen? Es gibt ja Heilmethoden in der Homöopathie, da wird Gleiches mit Gleichem gelindert. Vielleicht sind aber auch meine Geschmacksknospen durch jahrzehntelange Drangsal etwas mürbe und abgestumpft. Stark tendiere ich aber dazu, dass man sich an vieles gewöhnt, vor allem wenn es dem Körper sichtlich gut bekommt. Wie auch immer, meine jungen Köchinnen und Köche empfinden Bitterstoffe viel intensiver als ihr alter Chef.

Heute Morgen hatte ich eine Zuchtform der Zichorie aus meinem Garten geerntet. Seit Jahren kommt er immer wieder von selbst, was für das milde Klima Stuttgarts spricht. Ich schnitt mir einige Büschel ab und probierte ein bisschen davon. Was mir vor Jahren das Hemd in die Hose zog und schon gar nicht für die Gäste taugen wollte, empfand ich nun als relativ mild.

Ich wollte ja eigentlich etwas über die Zichorie erzählen, deren Blätter dem Löwenzahn ähneln und die mit dem Chicorée verwandt ist. Die getrockneten Wurzeln haben heilende Wirkung und können geröstet als

Kaffee-Ersatz dienen. Mocca faux nennen die Franzosen diese Art Kaffee und so war es nicht weit zum Wörtchen „Muckefuck".

Paracelsus empfahl die Pflanze, weil sie eine schweißtreibende Wirkung hat. Kneipp empfahl sie bei Magen-Darm- und Lebererkrankungen.

Das Kraut ist ein Wundermittel. Der einst in der Nähe von Corleone geschnappte Mafiaboss und Supermordbube Bernardo Provenzano hatte sich in einem kargen Feldhäuschen über vierzig Jahre versteckt. Sein Imperium lenkte er mit kleinen Zettelchen, als hätte er schon immer von der NSA gewusst. Nach jahrzehntelanger Eremitage mit seiner Olivetti-Schreibmaschine nannte er sich nicht mehr, wie in seiner aktiven Revolverzeit, „Der Traktor". Er wollte fortan als „Poet" angesprochen werden. Untergebene brachten die Befehle bei Nacht und Nebel zu den jeweiligen Adressaten. Seine getippten Papierschnipsel ergaben insgesamt ein Opus Magnum von tausenden Einzelteilen. Sein enzyklopädisches Werk wird heute noch von der Kripo Palermo heftigen Deutungsversuchen unterzogen.

Seine intellektuelle Prosperität verschaffte er sich unter anderem durch das Essen von Zichorie. Die so frohsinnigen Italiener haben, wie schon erwähnt, ebenso wie die Südfranzosen, einen starken Hang zum Bitteren. Man denke nur an den Espresso und die unzähligen Amari, also Magenbitter, wie Ramazzotti, Fernet und Co. Vielleicht liegt es auch daran, dass die italienische Nationalkrankheit oder die zentrale Hypochondrie sich hauptsächlich um den Magen kümmert. Die hektischen Deutschen haben sich den Blutdruck und die Herz-Kreislauf-Gefäße erkoren und der Amerikaner kann ohne Psychoanalytiker seinen Alltag kaum bewältigen. Der Mafiaboss und Anwärter auf zweihundertfünfzig Jahre Knast, mit den Signalen eines verärgerten Magens, ersichtlich an eingefallenen Wangen und einer Mundwinkelverhärtung, wie man sie bei zuschanden gerittenen Gäulen kennt, er überlebte weitgehend auf sich allein gestellt, vorwiegend durch seine Zichoriendiät.

Der Gemeinderat der Stadt Corleone hat inzwischen den Tag seiner Festnahme (11. April 2006) zum Gemeindefeiertag erklärt und will einer Straße den Namen „Via 11 Aprile" geben, um die Festnahme zu würdigen.

Der poetisch beseelte Killer mit über fünfzig Morden auf dem Buckel lebte nur im Winter von den Wurzeln; im Sommer erfreute er sich an den saftigen Blättern der Pflanze, die wild um seine Berghütte wuchs. Seine Frau ließ ihm immer wieder die passenden Zutaten wie Öl und Aceto zukommen, Pasta und Reis wird hoffentlich auch dabei gewesen sein. Diese Frau würde ich gerne mal kennenlernen, sie ist mir ein Symbol für Treue und Ausdauer.

Die Familie der Zichorie hat nicht nur den Chicorée unter ihren Verwandten: Trevisano, ein lila Blattwerk, auch gebraten als Gemüse verwendet, sieht ähnlich aus wie Chicorée. Es gibt aber noch edlere Sorten: Den schlanken Radicchio di Treviso mit den fleischigen, weißen Rippen in den lila Blättern, der keine geschlossenen Köpfe, sondern lockere Kolben bildet. Die großen, lockeren Rosen des Radicchio di Castelfranco, dessen rot-violett gesprenkelte Blätter elfenbeinfarben schimmern, sind ziemlich teuer, wenig bitter und herrlich anzuschauen. Ferner wird bei Verona ein Radicchio angebaut: Radicchio di Verona mit kleinen, nicht ganz geschlossenen Büscheln. Dann gibt es noch den grünen Radicchio di Milano, auch Grumolo genannt. Letztere Sorten werden bei uns jedoch nur sehr selten angeboten, sind aber im eigenen Garten einfach zu ziehen.

Der Trevisaner Tardivo, der Castelfranco wie der Chicorée, sie wachsen nicht einfach im Garten. Die Wurzeln werden nämlich ausgegraben und anschließend getrieben. Wir kennen diesen Vorgang von Kartoffeln, die bei Wärme im Keller Knospen treiben.

Belgische Bauern kamen 1870 auf die Idee, die Wegwartenwurzeln in Eimer zu stellen, im Dunkeln feucht zu halten und so die dicken Chicoréetriebe zu erzeugen.

Es gibt spezialisierte Gärtner, welche im Dunkeln – deshalb ist der Chicorée so bleich – die Wurzeln treiben lassen. Chicoréetreibereien nennen sich diese Firmen.

Ab Mitte September beginnt die Wurzelernte. Die Wurzeln werden sortiert, auf einheitliche Länge geschnitten und anschließend in große Holzkisten gepackt. In Kühlräumen um die null Grad werden die Pflanzen sozusagen eingewintert.

Je nachdem, wie groß der Bedarf ist, kommen die Wurzeln nun in die Wärme, in die Treiberei. In Wannen mit warmem Wasser umspült treiben die Sprossen aus den Wurzeln. Sind sie dick und fett, kommen sie als Chicorée in den Handel. Die Pflanze eignet sich sehr gut für eine

Schlankheitskur, denn sie ist sehr kalorienarm und enthält jede Menge Minerale. Insgesamt ist Chicorée, auch wegen seiner Bitterstoffe, so gesund, dass er eigentlich auf Krankenschein verschrieben gehört.

Und an dieser Stelle hat meine Lektorin gesagt, wäre der Schluss etwas abrupt. Dem kann ich nur zustimmen, denn meiner Lektorin habe ich aus Erfahrung immer zuzustimmen. Wo die Dame Recht hat, da hat sie Recht. Mir fällt zu Chicorée aber nun gar nichts mehr ein, und deshalb höre ich jetzt trotzdem auf.

GESCHMORTER CHICORÉE MIT ESTRAGONSAUCE

Für 2 Personen

4 Kolben	Chicorée
110 g	Butter
250 ml	Gemüsebrühe
2	Schalotten
100 ml	Weißwein
4 Stiele	frischer Estragon
1	Tomate
2	Eigelb
	Salz
	schwarzer Pfeffer aus der Mühle

Den Backofen auf 200 Grad Ober- und Unterhitze vorheizen. Chicorée längs halbieren, abspülen und trocken tupfen. Den Strunk probieren, ist er zu bitter, nach Belieben herausschneiden. Eine Auflaufform mit 10 g Butter einfetten. Chicorée mit den Schnittflächen nach unten in die Form legen. Mit Salz und Pfeffer würzen, Brühe zugeben und die Form mit Alufolie abdecken. Chicorée im heißen Backofen ca. 20 Minuten garen.

In der Zwischenzeit die Schalotten schälen und fein würfeln. Mit Weißwein, 3 Stielen Estragon und etwas Pfeffer in einen Topf geben. Bei starker Hitze etwa um 3/4 einkochen lassen. Tomate am Blütenansatz einschneiden und mit heißem Wasser überbrühen. Die Tomate häuten, vierteln, entkernen und das Fruchtfleisch in sehr feine Würfel schneiden. Restlichen Estragon abspülen, trocken schütteln, die Blättchen von den Stielen zupfen. Estragonblättchen fein schneiden. Eingekochten Weinfond durch ein Sieb passieren.

Übrige Butter in einem Topf zerlassen. Fond mit Eigelben in eine Schüssel geben. Über einem heißen Wasserbad cremig aufschlagen. Dann langsam die flüssige Butter einrühren, Tomatenwürfel unterheben und die Sauce mit Salz und Pfeffer abschmecken.

Chicorée herausnehmen und mit der Sauce auf Tellern anrichten. Mit übrigem Estragon bestreuen. Dazu passt ofenfrischs Baguette oder Kartoffelstampf.

GRATIN VON CHICORÉE MIT PINIENKERNEN

Für 2 Personen

2	große Kartoffeln
2	Kolben Chicorée
5 EL	Butter
2 EL	brauner Zucker
1	Schalotte
1 EL	Mehl
150 ml	Gemüsebrühe
125 ml	Milch
50 g	geriebener Parmesan
1 Bund	Schnittlauch
50 g	Pinienkerne
	Muskat
	Salz, schwarzer Pfeffer aus der Mühle

Die Kartoffeln waschen, in Salzwasser kochen, pellen und in Scheiben schneiden. Den Chicorée halbieren, abspülen und trocken tupfen. Den Strunkansatz probieren; ist er sehr bitter, dann keilförmig herausschneiden. 4 EL Butter portionsweise in einer Pfanne erhitzen. Chicoréehälften darin von beiden Seiten anbraten. Zucker darüberstreuen und leicht karamellisieren lassen.

Mit Salz und Pfeffer würzen. Herausnehmen. Schalotte schälen und fein würfeln. Restliche Butter im Bratfett erhitzen. Schalotte darin andünsten. Mehl zugeben und gut verrühren. Gemüsebrühe und Milch nach und nach unterrühren und zu einer cremigen Sauce kochen. Parmesan unterrühren, mit Pfeffer und Muskat abschmecken. Schnittlauch abspülen, trocken schütteln, in Röllchen schneiden und unter die Sauce rühren. Backofen auf 180 Grad Ober- und Unterhitze vorheizen. Pinienkerne in einer Pfanne ohne Fett rösten. Eine flache Auflaufform einfetten. Kartoffeln und Chicorée in die Form legen. Die Sauce und Pininenkerne darübergeben. Im Backofen ca. 10 Minuten überbacken.

Vegetable-Orchestra

Sie werden die Stirn in tiefe Furchen legen, wenn ich Ihnen, lieber Leser, nun sage, dass man mit Gemüse Musik machen kann. Das Wiener „Gemüseorchester" (www.gemueseorchester.org), eine hochwitzige Veganertruppe, zeigt in ausverkauften Konzerthäusern, wie man mit Gemüse das Volk zum Toben bringt. Zwölf Musikerinnen und Musiker fiepen beispielsweise auf Lauchblattinstrumenten, Karottenflöten, Rettichklarinetten, Auberginenkastagnetten, Lauchgeige und Kürbistrommeln.

Das alles funktioniert nur mit strammem Biogemüse, welke Salatblätter kommen gar nicht infrage, der Sound wäre zu schlapp. Sämtliche Instrumente werden vor dem Auftritt frisch in Form und Funktion gebracht.

Nach dem Konzert wird das Instrumentarium klein geschnibbelt und als super Eintopf backstage verzehrt. Glauben Sie ja nicht, dies sei ein Witz; zur Beweisführung bemühen Sie bitte das Internet: www.vegetableorchestra.org/videos.php

CHICORÉE-ORANGEN-RELISH

Für 2 Personen

2 Kolben	Chicorée
2	Orangen
1 Zweig	Rosmarin
2 EL	Butter
1 EL	Zucker
1 EL	heller Balsamessig
	Salz
	schwarzer Pfeffer aus der Mühle

Chicorée halbieren, abspülen und trocken tupfen. Den Strunk probieren, ob er bitter ist. Dann nach Belieben herausschneiden. Chicorée in Streifen schneiden. Orangen dick schälen, so dass die weiße Haut mit entfernt wird. Die Filets zwischen den Trennhäuten herausschneiden. Den Saft dabei auffangen. Rosmarinnadeln vom Zweig streifen und die Nadeln fein hacken.

Butter in einer Pfanne erhitzen. Chicoréestreifen darin von allen Seiten anbraten. Zucker darüberstreuen und etwas karamellisieren lassen. Orangenfilets, aufgefangenen Orangensaft, Rosmarin und Essig zugeben. Alles ca. 3–4 Minuten schmoren. Mit Salz und grob gemahlenem Pfeffer würzen. Das Relish schmeckt hervorragend zu Pfannkuchen oder Kartoffelpuffern.

WARMER CHICORÉE-ORANGEN-SALAT MIT ZIEGENKÄSE

Für 2 Personen

2	Orangen
1	Schalotte
2	Chicorée
1 EL	Butter
1 EL	Zucker

ca. 60 ml	Olivenöl
2 Blatt	Filo- oder Yufkateig (ca. 30 x 30 cm)
80 g	Ziegenfrischkäse (nicht zu weich)
	Salz, schwarzer Pfeffer

Orangen so dick schälen, dass die weiße Haut mit entfernt wird. Die Fruchtfilets zwischen den Trennhäuten herausschneiden, den Saft dabei auffangen. Schalotte schälen und fein schneiden. Chicorée halbieren, abspülen und trocken tupfen. Den Strunk probieren, ob er sehr bitter schmeckt, und nach Belieben herausschneiden. Chicorée in Streifen schneiden.

1 EL Butter in einer Pfanne erhitzen. Schalotte darin anschwitzen. Den Zucker darüberstreuen und etwas karamellisieren lassen. Dann etwa 2/3 der Chicoréestreifen und den aufgefangenen Orangensaft zugeben.

Mit Salz und Pfeffer würzen und ca. 2 Minuten schmoren. Restliche Chicoréestreifen und Orangenfilets in eine Schüssel geben. Warmen Chicorée und 1 EL Olivenöl untermischen, abschmecken und marinieren. Für den Ziegenkäse die beiden Teigblätter in 4 gleichmäßig große Quadrate schneiden. Teigblätter mit dem übrigen Olivenöl (bis auf 4 EL) bestreichen. Jeweils 2 Blätter aufeinanderlegen. Ziegenkäse in 4 Stücke schneiden. Je 1 Stück Käse mittig auf die Teigblätter legen.

Mit etwas Pfeffer würzen. Teigblätter über dem Käse zusammenklappen und zu dreieckigen Päckchen formen. Übrige 4 EL Olivenöl portionsweise in einer Pfanne erhitzen. Die Ziegenkäsedreiecke darin von beiden Seiten ca. 1–2 Minuten knusprig braten. Herausnehmen und mit dem Salat anrichten.

Warmer Chicorée-Orangen-Salat mit Ziegenkäsetäschchen

DURCHFALL

Sehr geehrter Herr und Gemüsefreund, was Sie erlebt haben, kam in meiner vierzigjährigen Laufbahn immer wieder mal vor. Ich will Ihnen gerne die Ursache deuten, warum der eine sich nach dem gleichen Essen wohlbefindet und der andere nicht. Wir leben in der Illusion einer antiseptischen, rundum abgesicherten Welt. Die Nahrungsmittelindustrie nutzt dieses Wunschdenken und das Sicherheitsbedürfnis der Bevölkerung schamlos aus. Die Medien unterstützen das, weil sie nicht von den Lesern oder Zuschauern leben, sondern von der Industrie. Es ist kein Gerücht, dass mittlerweile oft die Anzeigenchefs von Zeitungen bestimmen, was gedruckt wird.

Keine Frage, Gemüse aus der Dose ist keimfrei. Unsere Wachteln, Rohmilchbutter aus der Bretagne, unsere Biosalate, Rohmilchkäse, Beeren, Früchte et cetera sind es mitnichten. Deutlich gesagt, Rohmilchbutter hat ein lebhaftes Bakteriengemenge in sich. Das verträgt nicht jeder und umso weniger, je mehr antiseptische Nahrung man zu sich nimmt (Kantinenessen et cetera). Deshalb sind alte Leute in ihren Heimen so gefährdet, wenn sich beispielsweise mal eine Kolibakterie mausig macht. Die neunzigjährige Bäuerin, die inmitten ihrer Kuhstall-Fäkalbakterien haust, berührt das kaum. Allerdings essen alte Bäuerinnen und Bauern viel weniger Salat als die Städter. Dem Rohen wird misstraut, und deshalb wird Gemüse lieber gekocht verspeist, und zwar in altdeutscher Manier richtig totgekocht.

Mein Vater arbeitete als Tierarzt und Bakteriologe. Von ihm stammt der Spruch: „Gegen Bakterien, Koli oder Salmonellen können wir nie gewinnen, wir können uns nur dagegen wappnen, indem wir eine stabile

Darmflora aufbauen, und das geht nur mit natürlichen Lebensmitteln." Keine Frage, es gibt in der Gastronomie durch Unsauberkeit schlimme Verunreinigungen. Am schlimmsten trifft es aber die Lebensmittel, die antiseptisch hergestellt wurden und die dann mit Salmonellen oder EHEC verunreinigt werden. Die ‚bösen' Bakterien haben keine Feinde, und alle zwanzig Minuten verdoppelt sich die ‚Family'. Ich nenne jetzt mal den von der Industrie gelieferten Fertig-Reisbrei oder Kartoffelsalat aus dem Eimer. Diese Art Produkte sind häufig die Ursache, wenn es zu größeren Unfällen kommt.

Auf Ihre Malaise trifft das nicht zu. Ich entschuldige mich trotzdem und bin froh, dass Sie der Einzige sind, der in letzter Zeit Magenprobleme bekam. Ich hoffe, Sie spüren, dass ich mich nicht herausreden will, sondern versuche, Ihnen zu erklären und zu begründen, dass ich weiterhin ‚gefährlich' kochen werde. Ich verwende weiterhin Rohmilchbutter und Demeter-Eier, obwohl selbst meine Köche sagen, dass man in der Gastronomie solches ‚Risikomaterial' kaum mehr einsetzt, sondern statt echter Eier häufig pasteurisiertes Flüssig-Ei verwendet.

Bei uns ist es üblich, dass bei Nichtschmecken oder Fehlern der Gast von uns sein Geld zurückbekommt. Dies auch, wenn die Schuld sich nicht zweifelsfrei eruieren lässt. Schicken Sie uns Ihre Rechnung zurück, dann ersetzen wir Ihnen gerne das Menü, das übrigens an diesem Abend über dreißig Mal bestellt wurde.

Herzliche Grüße,
Ihr Vincent Klink

SPARGEL

Wir leben in einer Zeit, in der alles knackig zu sein hat. Spaziere ich durch die Innenstadt Stuttgarts, so beherbergt jeder zweite moderne Glaskasten ein Sportstudio. Davon sind über die Hälfte als Women-Gym ausgewiesen. Man sagt ja, dass mit dem Erstarken des weiblichen Egos auch die Zunahme an Muskelmasse beim „schwachen" Geschlecht einhergeht.

Unter modernen jungen Männern erspähe ich umgekehrt immer mehr flaumbärtig zarte Männlein. Die Damen, welche die Sportstudios bevölkern, kann man gut einsehbar wie in einem Schaufenster beim Abrackern und Kämpfen mit den Muskelmaschinen beobachten. Mensch und Maschine werden eins und die Muckis der Damen sind zum Fürchten.

Ganz anders die Tarzans unserer Zeit, da knackt gar nichts. Sie schleichen mittlerweile als Spargeltarzans durch die Botanik. Schlank und rank mit einem feinen Köpfchen obendrauf.

Die Natur sucht immer den Ausgleich: Nun ist Salat und das Gemüse dran und vor allem der Spargel, der knacken soll. Zugegeben, eins ist sicher: Ein zu weich gekochter Spargel hält kein besonderes Küchenglück bereit, schmeckt aber allemal besser, als wenn er im Munde knackt und quietscht. Kurzum: sein größtmögliches Aroma setzt der Spargel genau dann frei, wenn er keinen „Biss" mehr hat und trotzdem nicht zu weich ist. Wahrlich, ein schmaler Grat, diesen Garpunkt abzupassen. Hilfreich ist, wenn man immer wieder mal eine Spargelstange aus dem kochenden Sud zieht und hinten ein Stückchen abschneidet. Das kann so weit gehen, dass zum Servieren nicht mehr viel übrig bleibt.

Der englische Dichter des achtzehnten Jahrhunderts, Charles Lamb, äußerte sich 1823 final zum Spargel: „Es geht doch nichts über Spargel. Sie sind so sanft, dass sie zwangsläufig zu sanften Gedanken führen." Der römische Chefgourmet der Antike, ein gewisser Apicius, beschrieb übrigens eine besondere Methode des Spargelgarens.

Die Widersacher von Asterix wählten die schönsten Köpfe aus. Darin kannten sie sich aus, denn zu diesen Zeiten rollten viele Köpfe, bevorzugt die besten. Die Spargelköpfe jedoch, sie wurden getrocknet, schrumpften erheblich zusammen. In Wasserdampf war es dann aber nur eine Frage von Minuten, dass die Spargelköpfe wieder anschwollen, um die feinen Zungen des römischen Establishments zu beglücken.

SPARGELRAGOUT MIT MORCHELN

Für 2 Personen

20 g	getrocknete Morcheln (besser 100 g frische Morcheln)
2	Schalotten, fein gehackt
50 g	Butter
1/8 l	Weißwein
4 EL	Gemüsebrühe
500 g	geschälter Stangenspargel
1 TL	Zitronensaft
	Estragon
2	Eigelb
3 EL	geschlagene Sahne
	Salz, Zucker, Pfeffer

Getrocknete Morcheln in lauwarmem Wasser 15 Minuten einweichen. Frische Morcheln nur halbieren, waschen und trocken legen. Schalotten in Butter andünsten, Morcheln dazu. Mit Weißwein und Gemüsebrühe ablöschen und dies um die Hälfte einkochen. Absieben und die Morcheln parken.

Die Spargel bündeln. Sind die Stangen unterschiedlich dick, so machen wir ein Bündel mit den dünneren und eines mit den dickeren Stangen. Den geschälten Spargel im Salzwasser in ca. 15 Minuten weich kochen. Nicht vergessen, ins Wasser muss eine kräftige Prise Zucker. Spargel gut abtropfen und in daumenlange Stücke schneiden.

Die reduzierte Brühe, Zitronensaft, Estragon in eine Kasserolle geben und aufkochen. Die Eigelbe mit der geschlagenen Sahne vermengen und in die kochende Flüssigkeit einschlagen. Die Kasserolle sofort vom Feuer nehmen und heftig schlagen. Wird die Sauce nicht dick, so gehen wir noch mal kurz aufs Feuer. Weiterschlagen, bis sich alles etwas abgekühlt hat. Mit Pfeffer und Salz abschmecken. Spargel mit der Sauce vermengen.

Das Ragout anrichten und gedünstete Schalotten obenauf geben.

Stampfkartoffeln

sind mir einer der liebsten Begleiter zu allen möglichen Speisen, zu Fisch- oder Fleischgerichten und ganz besonders zu Spargel. In der Regel menge ich reichlich Olivenöl unter, wenn niemand zuguckt, sogar sehr reichlich Olivenöl. Zu diesem Spargelgericht wäre aber braune Butter mindestens genauso gut, wenn nicht passender.

2	große, mehlige Kartoffeln
1 EL	Olivenöl
1/2 Bund	Schnittlauch
	Pfeffer, Salz, Muskat

Kartoffeln weich kochen, grob zerstampfen. Olivenöl und Schnittlauch unterarbeiten. Würzen mit Pfeffer, Salz, Muskat.

SPARGELSALAT MIT CROÛTONS

Für 2 Personen

500 g	Spargel
2	Fleischtomaten
1 Stange	Bleichsellerie
1	Frühlingszwiebel
1 Bund	Basilikum
1 EL	Pinienkerne
1	Zitrone
2 EL	Olivenöl, Puderzucker
150 g	Kastenweißbrot
50 g	Parmesan, Prise Zucker, Salz, Pfeffer

Den Spargel schälen und anschließend in Salzwasser mit einer Prise Zucker kochen, abtropfen und in zwei Zentimeter dicke Scheiben schneiden. Tomaten häuten, vierteln und die Kerne entfernen. Bleichsellerie und Frühlingszwiebeln in dünne Scheiben schneiden. Basilikumblätter zupfen.
Die Pinienkerne in einer beschichteten Pfanne ohne Fett anrösten. Alle Zutaten in eine Schüssel geben. Die Zitrone auspressen. Die Hälfte des Safts mit einem Esslöffel Olivenöl und dem Puderzucker über den Salat geben. Pfeffern und salzen und gut durchmengen. Das Brot in feine Würfel schneiden. Knoblauch schälen und andrücken.

Restliches Öl in einer Pfanne erhitzen und die Brotwürfel darin anrösten. Salzen und pfeffern. Kurz vor dem Servieren die Brotwürfel unter den Salat mischen, dann den Parmesankäse darüberhobeln.

SPARGELSOUFFLÉ
MIT BRAUNER BUTTER UND FLÄDLE

Für 2 Personen

1	Auflaufform für vier Personen
500 g	Spargel
	Salz
	Butter für die Form
200 g	Bio-Quark (mager), gut ausgepresst
5	Eigelb
1 EL	gehackte Petersilie
5	Eiweiß, geschlagen (nicht zu fest)
	Salz, Pfeffer

Spargel kochen, in daumenbreite Würfel schneiden, auf Küchenkrepp gut trocknen und leicht salzen.

Die Form ausbuttern. Käse mit Eigelb und Petersilie gut verrühren, die Spargelstücke untermischen, etwas pfeffern und dann das Eiweiß unterheben.

Diese Masse in die Form füllen und bei 180 Grad ca. 15 Minuten backen.Beginnt die Masse zu steigen, so ist die Freude immer groß, aber Vorsicht: Wie das tägliche Leben uns immer wieder zeigt: Alles, was stark anschwillt, fällt auch wieder zusammen.

Insgesamt darf die Masse nicht höher als einen Zentimeter kommen. Ist dies so, dann die Ofentür öffnen und das Soufflé noch 5 Minuten ziehen lassen. Es stabilisiert sich dann und kann sofort serviert werden. Braune Butter und Flädle passen sehr gut dazu.

SPARGELMOUSSE UND SPARGELSUD

Für 2 Personen

500 g	Spargel
1 Prise	Zucker
1 TL	Butter
100 g	Crème fraîche
1 EL	Sahne, geschlagen
1/2 Bund	Kerbel
4 Scheiben	Toastbrot
	Salz, Pfeffer

Den Spargel schälen und eventuell holzige Enden abschneiden. Die Schalen in kaltem Wasser mit Salz, Zucker und Butter aufsetzen und aufkochen. Von den Spargelstangen die Spitzen auf einer Länge von 3 bis 4 Zentimeter abschneiden. Die Spargelschalen herausnehmen und in dem Sud Spargelstangen und Spitzen kochen. Die Spitzen nach 5 Minuten herausnehmen. Den restlichen Spargel gut weich kochen. Den Sud abgießen, durch ein Tuch passieren und mit Salz und Pfeffer abschmecken. Die Spargelstangen mit ein wenig Sud pürieren und mit der Crème fraîche vermischen. Eventuell zur Lockerung einen Esslöffel geschlagene Sahne dazugeben. Die Spargelmousse in Schälchen füllen und erkalten lassen.

Den Kerbel hacken. Den restlichen Spargelsud erwärmen, die Spargelspitzen dazugeben und mit Kerbel garnieren. Spargelsuppe in vorgewärmten Tellern servieren. Spargelmousse und getoastetes Brot dazu reichen. Man kann die Mousse in die Suppe einrühren und so eine Spargel-Rahm-Suppe machen oder den Toast damit bestreichen und zur Suppe essen.

WILDER SPARGEL

Ich weiß nicht, wie es sich in Norddeutschland verhält. Jedenfalls auf gut sortierten Märkten in Süddeutschland findet man im Frühjahr wilden Spargel. Nicht billig, aber unbedingt probieren! Er ist gerade mal bleistiftdick, manchmal aber auch so dünn wie eine Kugelschreibermine. Die violetten Enden werden so großzügig abgeschnitten, dass man nur die grünen Stängel hat.

In Olivenöl eine fein gehackte Zwiebel anschwitzen. Nun, nach einer Minute, die Spargel dazu. Pfeffern, salzen und nach einer weiteren Minute ist alles bereit. Wer will, kann Parmesan darüberstreuen und fertig ist das Fest.

Spargel, Asparagus officinalis, ist übrigens ein Liliengewächs. Die distelartige Artischocke, Cynara scolymus, gehört zu den Korbblütlern. Ob ihre Heimat der Vordere Orient war, Nordafrika oder Sizilien? Man weiß es nicht.

ARTIG GUTEN APPETIT WÜNSCHEND

stehe ich an Tisch zwei und sehe mit Erstaunen eine Dame, die mit großer Lust an ihrem Spargel schnippelt. Ich insistiere ein wenig, indem ich frage, warum sie den Spargel vom Ende her verspeist, und schiebe gleich hinterher, dass ich es umgekehrt mache und zuerst die Köpfe esse. Sie antwortet: „Das Beste will ich immer zum Schluss." „Damit rücken Sie aber das Beste in die Ecke der Nebensache, um es vielleicht gar nicht mehr zu essen, falls es zu viel werden sollte. Wie sagen doch manche Protestanten unten in der Stuttgarter Grube: ‚Ich habe heute schon leiden dürfen'."

Die Frau hat Humor, lacht und ich setze nach, platze geradezu heraus: „Sie sind sicher evangelisch." Sie sagt ja und verweist auf ihren Mann. Der sagt: „Ich bin katholisch und esse immer erst die Köpfe des Spargels, dann sehe ich weiter." Ich dann: „Wir sind Brüder im Geiste, immer alles so gut wie möglich, auch wenn es über die Verhältnisse geht. Muss man später womöglich darben, kann man ja immer noch gen Himmel rufen: ‚Danke, lieber Gott, für das Gehabte'."

FRAU ERICA PAPPRITZ

fälschlich oft als Gräfin betitelt, war Legationsrätin im Auswärtigen Amt der Adenauerregierung. In ihrem „Buch der Etikette" bestimmte sie im Befehlston, dass Spargel grundsätzlich mit der Hand zu essen sei. Das machte insofern Sinn, weil wie bei Kartoffeln, die damaligen Speisemesser einen metallischen Geschmack absonderten. Spargel wurde also in die Hand genommen und dazu wurde zum Säubern der Pfötchen hinterher eine Fingerschale gereicht. Ein zweiter Grund wäre, heute fast vergessen, dass der Spargel als Phallussymbol nicht verstückelt sein will.

ZWEIERLEI VOM SPARGEL, EI-VINAIGRETTE, KERBEL-HOLLANDAISE

Für 2 Personen

Ei-Vinaigrette

2 Stängel	glatte Petersilie
2 Stängel	Estragon
3 Halme	Schnittlauch
1/2	Zitrone
3 EL	Olivenöl
1	Ei, hart gekocht
	Zucker, Salz, Pfeffer

Kerbel-Hollandaise

1 Bund	Kerbel
3 EL	Butter
100 ml	Weißwein
1 EL	Balsamico
2	Eigelb
	Salz, Pfeffer

Spargel

500 g	weißer Spargel
500 g	grüner Spargel
2,5 EL	Butter
50 g	Parmesan
100 g	feine Weißbrotbrösel
1–2	Eier, etwas Mehl, Zucker, Salz

Für die Vinaigrette Petersilie, Estragon und Schnittlauch abspülen, trocken schütteln und fein hacken. Von der Zitrone den Saft auspressen. Olivenöl mit Zitronensaft und den Kräutern gut vermischen, mit Salz, Pfeffer und einer Prise Zucker abschmecken. Das Ei schälen, fein hacken und unter die Vinaigrette mischen.

Weißen Spargel schälen und die Enden abschneiden. Vom grünen Spargel die trockenen Enden abschneiden und das untere Drittel schälen. Die weißen Spargelstangen in mit Salz, Zucker und 1 TL Butter gewürztem Wasser ca. 8 Minuten kochen. Da die grünen Spargelstangen in der Regel etwas dünner sind, werden sie 2 Minuten später zum Kochen mit in den Topf gegeben.

Für die Kerbelhollandaise Kerbel abspülen, trocken schütteln und fein hacken. 3 EL Butter in einem Topf bräunen. Weißwein, Balsamico und die Eigelbe in einen Schlagkessel geben und über dem heißen Wasserbad aufschlagen, bis die Masse anfängt, zu binden. Dann den Kessel vom Wasserbad nehmen und die flüssige braune Butter nach und nach mit einem Schneebesen unterrühren. Mit Salz und Pfeffer abschmecken und den Kerbel unterrühren.

Gekochten Spargel aus dem Topf herausnehmen, abtropfen lassen. Grüne Spargel auf Küchenkrepp legen, damit sie möglichst trocken werden.

Weißen Spargel in ein feuchtes Tuch gewickelt warm stellen.
Parmesan fein reiben und mit den Brotbröseln vermischen. Ei in

einer flachen Schale verquirlen. Den grünen Spargel an den Spitzen festhalten und die Stangen in Mehl wenden, durchs gequirlte Ei ziehen und anschließend in den Bröseln mischen. In einer Pfanne mit 2 EL Butter die panierten Spargelstangen rundum bei kleiner Hitze braten.

Weißen und grünen Spargel auf Tellern anrichten, die Enden des weißen Spargels mit der Kerbelhollandaise begießen, die Ei-Vinaigrette an die Enden des panierten grünen Spargels geben.

MACHT SIE ALLE MIT BUTTER AN

Der französische Dichter und Literaturkritiker Charles Du Bos konnte einst mit dem Schriftsteller Bernard le Bovier de Fontenelle nicht einig werden über die Zubereitung von Spargeln. Jener liebte sie in Butterbrühe, dieser in Essig und Öl. Endlich teilten sie die Spargeln. Aber Fontenelle rührte der Schlag, und da die Dienerschaft mit ihm beschäftigt war, so lief Du Bos hinab in die Küche und rief: „Mettez tous au beurre!" (Macht sie alle mit Butter an.)

DA HABEN WIR DEN SALAT

Rohes oder Gekochtes? Damit haben sich schon einige Philosophen beschäftigt. Gemüse, nicht als Rohkost, sondern gekocht, gesotten, gedämpft, gebraten, gegrillt oder in Butter geschwenkt, ist einer der Eckpfeiler der Kultur.

Dagegen ist roher Salat eine Ressource, deren Entstehung ich der Steinzeit anrechnen möchte, als noch gesammelt und das Feuer noch nicht erfunden war. Trotz der damaligen geringen Lebenserwartung soll er „in grauer Vorzeit bereits gesund gewesen sein", so die Aussage einer Ernährungsberaterin. Mit diesem Ausruf wäre fast alles gesagt, was Salate problematisch macht. Meist locken sie mit Gesundheitsversprechungen, bis hin zu Chlorophyllglückseligkeit. Doch sortenreiner Kopf- oder Ackersalat, den ich sehr mag, er verjüngt uns nicht so weit, dass man sich nach dem Verzehr wieder wie ein Teenager fühlen könnte. Deshalb wurde der „Gemischte Salat" erfunden. In manchen Gaststätten-Speisekarten gerne als „gem. Salat" angepriesen. Kaum eine in abwaschbarem Plastik versiegelte Kneipenkarte will darauf verzichten.

Der „gem. Salat" mit unzähligen Komponenten, bis hin zu „Hengstenbergs gesammelten Werken" aus dem Drehverschlussglas, ist der Dauerlutscher für Vitaminjäger, die sich zusätzlich durch Nahrungsergänzungspräparate bis zur Halskrause mit Mineralien und Vitaminen vollstopfen möchten. Es entspricht unserer Mentalität, die wir uns beim Fernsehen antrainiert haben. Schnäppchensucht, von jedem etwas, Zappen. Man will nichts versäumen, von allem etwas haben, aber nicht wirklich richtig sich vertiefen. Deswegen sind die Salatbuketts zu wahren Panoramaplatten angeschwollen, und deshalb machen wir jetzt wieder weiter mit Gemüse.

EINTOPF

Am Suppentopf könnte man das Wesen der französischen Küche festmachen. „Je veux que le dimanche chaque paysan ait sa poule au pot", „Ich wünsche, dass sonntags jeder Bauer sein Huhn im Topf hat" – dieser Ausspruch stammt aus einer Regierungserklärung Heinrichs IV., das geschah anno 1600. In der Tat, der Herrscher, der sechsundfünfzig Freundinnen begluckte, hatte keine Zeit für Kriege und hatte Hühner im Topf nötiger als alle seine Untertanen. Doch mit ihm kam es – einmalig in der Geschichte Frankreichs – zu einer fünfzehnjährigen Friedenszeit, die das Land gut auf die Beine stellte und die Töpfe füllte. Das war vor etwa vierhundert Jahren. Seitdem sind in Frankreich viele Eintöpfe angebrannt. Trotzdem hat sich der Respekt vor dieser Art des Kochens, nämlich „in einem Topf", bis heute so bewahrt.

Was die deutschen Eintöpfe anbetrifft, so kommen diese aus einer ziemlich genussfeindlichen Ecke. Die Lieblingsspeise des preußischen Generals Scharnhorst war der Eintopf. Im Jahre 1807 rief er aus: „Warum viele Töpfe, wenn einer genügt?" Tja, wenn die Militärs die Küche übernehmen, obsiegt das Pragmatische.

Da war es nur noch ein kleiner Schritt zur Gulaschkanone, und alles, was der Koch in die Hände bekam, wurde gleichzeitig ins Gebrodel geworfen. Ist der Ruf erst ruiniert, dann lebt es sich ganz ungeniert.

Der Eintopf ist seither ein Synonym für Chaos, für wildes Durcheinander. Er rangiert in der Hierarchie der Speisen ganz unten, weil „Vermischtes" noch nie in gutem Ruf stand. Was woanders, ich denke an den „Irish Stew" oder den Rindertopf der Gauchos, ein nationales Kulturgut sein kann, wurde mit dem Eintopf-Sonntag der Nazi-Zeit zum kollektiven Mittagsgrausen. Diese Schrecken hängen immer noch bleischwer im deutschen Gemüt. Soll in meinem Restaurant ein Eintopf auf die Speisekarte, so bin ich inzwischen gerne geneigt, diesen „Pot au Feu" zu nennen. Eintopf, beispielsweise vom Kürbis, bestellt kein Gast, aber Pot au Feu vom Muskatkürbis ist der Renner.

In Deutschland gibt es grob gerechnet über siebzig verschiedene Eintöpfe, während Frankreich sich nur auf sechs beschränkt und Italien mit nur vier „Stufati" zurechtkommen muss. Man könnte das Gericht als die kulinarische Erkennungsmelodie der Deutschen bezeichnen. Vor einigen Jahrzehnten befand sich die deutsche Küche aber trotz guter und zahlreicher Eintopfrezepte keineswegs auf euphorischem Höhenflug.

Man könnte sogar behaupten, dass wir gerade wegen der Eintöpfe, dem Stampf und Mampf von der Nordsee bis zum Bodensee, von unseren Nachbarländern bemitleidet wurden. Eigentlich rührte die berechtigte Diffamierung nicht von den Eintöpfen her. Wie so oft bei Ungenießbarem waren nicht die Zutaten am schlechten Leumund schuld, sondern Küchenschlamperei fauler Köchinnen und Köche.

Kulinarisch sollte man den Eintopf ganz und gar nicht als Niete einordnen. Er muss auch nicht nur aus billigen Zutaten komponiert sein. Vielleicht kommt er in unseren Tagen wieder zu Ehren, weil wir Besseres in den Topf geben und dem Kochen allgemein mehr Aufmerksamkeit schenken als bisher. Ja, Aufmerksamkeit, das benötigen dieses Gericht und der Eintopf ganz besonders. Mögen die Ingredienzien preiswert sein, die exakten Garzeiten sind entscheidend. Niemand käme in Frankreich auf die Idee, einen Pot au Feu als Matsch zu servieren. Ganz klar, auch in Frankreich arbeiten Murksköche, aber das Publikum verzeiht ihnen nicht. Und bei der Gelegenheit mal einen Seitenhieb gegen die stumpfsinnige Duldsamkeit, die Deutsche in Gasthäusern zu ertragen bereit sind. Und wenn dann endlich einer aufmuckt, dann meist ein völlig Unwissender.

Wie auch immer, Gemüseeintöpfe erfordern weit mehr Aufmerksamkeit als Fleischtöpfe. Da jedes Gemüse eine andere Garzeit hat, muss es auch in zeitlichen Abständen in den Topf befördert werden. Zuerst das Harte, die Karotte, dann die Sellerieknolle und die Petersilienwurzel. Wenig später die Kartoffeln und kurz vor dem Anrichten dann erst der Lauch und der Schnittlauch. Kurz gekochter Lauch, das haben wir mit der asiatischen Küche gelernt, behält seine Farbe, bleibt in frischem Aroma und ist leichter bekömmlich als weich gematschtes Nato-Oliv. Kurz und gut, am Schluss noch dünne, feste Spätzle dazu und fertig wäre beispielweise der „Gaisburger Marsch“, der auch ohne Fleisch, jedoch mit reichlich gerösteten Zwiebeln zum Kulturerbe der Menschheit erkoren sein müsste.

Solche Speisen kocheln unter dem Großbegriff „einfache Küche“, und da „steckt die Möhre im Dreck“! Eintopf ist alles andere als einfache Küche. Viel leichter ist es, einen Hummer fünf Minuten in heißes Wasser zu halten, zu halbieren, mit Limonen-Trüffel-Olivenöl zu beträufeln und sich dann als „Koch des Jahres“ feiern zu lassen. Küche diente leider immer auch als Statussymbol und der Demonstration von Fallhöhe. Der Eintopf machte da stets eine schlechte Figur, und das muss anders werden.

POT AU FEU VON ROTE BETE

Für 2 Personen

1	Schalotte
1/4	Weißkohl
500 ml	Gemüsebrühe
1 TL	geschroteter Koriander
1 Msp.	Piment
1	Rote Bete (ca. 150 g)
2 EL	Zitronensaft
2–3 TL	Stärkemehl
	etwas frischer Meerrettich
2 EL	Crème fraîche
1 Bund	Dill
	Pfeffer, Salz

Schalotte schälen und fein würfeln. Vom Weißkohl den Strunk entfernen, den Kohl in 1 cm große Stücke schneiden. In dem ausgetretenen Fett die Schalotte anschwitzen. Mit der Brühe auffüllen. Koriander, Piment und Weißkohl dazugeben.

Die Rote Bete schälen, auf einer Reibe fein reiben und in die Brühe geben. Zehn Minuten kochen lassen, mit Pfeffer, Salz und Zitronensaft abschmecken. Speisestärke mit 2 Esslöffel Wasser anrühren und den Eintopf damit binden. Meerrettich schälen und reiben (ca. 1 TL geriebener Meerrettich).

Eintopf in Tellern oder Suppentassen anrichten, einen Klacks Crème fraîche daraufgeben, mit Dill und etwas geriebenem Meerrettich verzieren.

TOMATEN-POT-AU-FEU
MIT KRÄUTER-SCHICHTKÄSENOCKEN

Für 2 Personen

1 Bund	gemischte Kräuter
150 g	Schichtkäse
2 EL	Brotbrösel
2	Eigelb
10 g	Hartweizengrieß
10 g	Butter
5	Fleischtomaten
1	Schalotte
1 EL	Kapern
5 EL	Olivenöl
2 Zweige	Thymian
	etwas Zucker
1 Bund	Basilikum

Saft und abgeriebene Schale von 1/2 Bio-Zitrone

	Salz, Pfeffer, Muskat

Kräuter abspülen, trocken schütteln und sehr fein hacken. Schichtkäse in ein sauberes Tuch geben und gut ausdrücken. Schichtkäse mit Brotbröseln, Eigelben, Grieß und weicher Butter gut verrühren. Die Kräuter untermischen. Mit Salz, Pfeffer, Muskat und 1–2 Messerspitzen Zitronenschale abschmecken. Die Masse etwa 10 Minuten ziehen lassen, daraus mit zwei angefeuchteten Teelöffeln Nocken formen. Etwa 1–2 Liter Salzwasser aufkochen, Temperatur herunterschalten und das Wasser sieden lassen.

Nocken in siedendem Salzwasser ca. 20 Minuten gar ziehen lassen. Herausnehmen und abtropfen lassen. In der Zwischenzeit die

Fleischtomaten vierteln und entkernen. Schalotte schälen und fein schneiden. Kapern fein hacken. 2 EL Olivenöl erhitzen, Schalotte darin anschwitzen, Tomaten, Thymian, Zitronensaft und 1 TL Zucker zugeben. Alles ca. 10 Minuten schmoren.

Kapern untermischen. Mit Salz und Pfeffer würzen. Weitere ca. 5 Minuten schmoren. Basilikum abspülen, trocken schütteln und die Blättchen von den Stielen zupfen. Basilikumblättchen in feine Streifen schneiden. 2–3 EL Olivenöl unter die Tomaten rühren, Basilikum zugeben und abschmecken. Tomaten-Pot-au-Feu in tiefen Tellern anrichten und die Nocken darauf verteilen.

Ein Wörtchen noch zu Schichtkäse

Quark kaufe ich meiner Lebtag nicht mehr, denn auf der Packung steht sehr oft ganz klitzeklein: Speisequarkzubereitung. Dann ist immer Milch noch mit drin und die gebe ich mir lieber selbst dazu, wenn es nötig sein sollte. Schichtkäse dagegen ist ein fester Begriff und es kann nicht gemauschelt werden.

Aus Frankreich kennen wir den ganz feinen, weichen Quark, angenehm gesalzen und so weiter. Trotzdem, ist auch geschenkt. Wer sich also einen guten Kräuterquark machen möchte, nimmt sich Schichtkäse und verrührt ihn intensiv. Am besten, man schlägt das Zeug im Schlagkessel oder mit einem guten Handrührer. Achtung, alles könnte nachdicken. Schichtkäse ist selbstverständlich teurer als irgendein Quark, aber mindestens doppelt so ergiebig.

POT AU FEU VON STECKRÜBEN MIT KARDAMOM

Für 2 Personen

1–2	kleine Steckrüben (ca. 600 g)
1/2 Stange	Lauch
1	Zwiebel
800 ml	Gemüsebrühe (Bioladen)
2 Msp.	Kardamom, gemahlen
2 Msp.	Muskatnuss, gemahlen
1/2 TL	abgeriebene Schale von 1 Bio-Zitrone
1 TL	Mehlbutter (1 TL Butter mit 2 EL Mehl verrühren)
200 ml	Sahne
1/2 Bund	Petersilie
1–2 TL	Kürbiskernöl
	Salz, schwarzer Pfeffer, Butter, Curry

Die Steckrüben waschen, schälen und in haselnussgroße Würfel schneiden. Lauch der Länge nach halbieren, waschen, putzen und in dünne Scheiben schneiden. Zwiebel schälen und fein würfeln. Butter in einem Topf erhitzen. Zwiebeln und Curry darin hell anschwitzen. Steckrübenwürfel zugeben und Brühe unterrühren. Mit Salz, Pfeffer, Kardamom, Muskatnuss und abgeriebener Zitronenschale würzen. Alles etwa 20 Minuten bei mittlerer Hitze kochen lassen.

2 EL Steckrübenwürfel herausheben. Die Suppe pürieren, Mehlbutter unterrühren und die Suppe leicht binden. Sahne unterrühren und die Suppe 5 Minuten köcheln lassen und abschmecken. Petersilie abspülen und trocken schütteln. Die Blättchen abzupfen und fein schneiden. Die Steckrübenwürfel unter die Suppe geben. Mit Pfeffer und Salz abschmecken. Mit Petersilie und Kürbiskernöl anrichten.

NIE MEHR SOLL DER MAGEN KNURREN, DESHALB KNORR ERBSWURST

Napoleon sagte völlig richtig: Eine Armee marschiert auf ihren Bäuchen. Fragt sich nur, auf welcher Leute Kosten. Für die von Kriegshorden malträtierte Bevölkerung besserte sich jedoch die Lage, als im Siebzigerkrieg die preußische Armee „Knorrs Erbswurst" in die „eiserne Ration" beipackte.

Erfunden hatte diesen Geniestreich der Berliner Koch Johann Heinrich Grüneberg, der seine Erfindung bald an die preußische Armee weiterverkaufte. Bei Ausbruch des Krieges 1870 wurde auf Staatskosten eine Fabrik errichtet, in der 1.700 Arbeiter zuerst täglich sieben Tonnen Erbswurst produzierten, später bis zu 65 Tonnen, wie ich Wikipedia entnehme. Wurden die Soldaten damals 1870 – es war der letzte Krieg, den die Deutschen gewannen – von Blähungen vorangetrieben? Darauf wollte sich das Oberkommando vor dem Einmarsch über belgische Äcker nicht verlassen. Eine Kompanie musste sich als Versuchskaninchen zur Verfügung stellen. Sechs Wochen wurden die deutschen Helden bei normalem Dienst ausschließlich mit Erbswurst und Kommissbrot gefüttert. Also streng genommen haben nicht die Deutschen den Siebzigerkrieg gewonnen, sondern die Erbswurst.

1889 kamen die Gebrüder Knorr (Heilbronn) in den Besitz des Rezepts, das sich bis heute mit minimaler Veränderung erhalten hat. In unseren modernen Zeiten geht ja nichts ohne Tuning, also sind nun etwas Glutamat und Hefeextrakt beigegeben. Wir Natur-Gemüseköche verabscheuen ja so etwas, jedoch die Knorr-Erbswurst ist wirklich Kult und ein menschenwürdiges Dasein ist ohne Ausnahmen nicht möglich: Eigentlich sollte die Erbswurst in keinem Haushalt fehlen, und ganz nebenbei ist sie auch ein wirklich witziger Geschenkartikel.

Erbswurst
seit 1889
Knorr
MIT SPECK
RÜN MIT
VK. 2014

ERBSENSUPPE MIT KOPFSALATSTREIFEN

Für 4 Personen

500 g	frische, gepalte Erbsen (oder Tiefkühl, extrafein)
2	Schalotten
1/2	Stange Lauch
2	Kartoffeln, mehligkochend
1 l	Gemüsebrühe
1 TL	gehackter Thymian
100 g	Sahne
1/2	Kopfsalat
1 Bund	Kerbel
2 EL	Butter
	Pfeffer, Salz, Knoblauch, Muskat

Schalotten und Knoblauch schälen. Schalotten fein würfeln, Knoblauch fein reiben. Lauch putzen, waschen und in erbsengroße Würfel schneiden. Kartoffeln waschen und schälen. Butter in einem Topf erhitzen, Schalotten und Lauch darin andünsten, Knoblauch zugeben und mitdünsten. Schalotten, Lauch und Knoblauch sollten hell bleiben. Gemüsebrühe in den Topf geben, die Hälfte der Erbsen untermischen.

Kartoffeln dazureiben. Mit Salz, Thymian und Muskat würzen. Alles etwa 20 Minuten köcheln lassen und pürieren. Sahne und restliche Erbsen untermischen. Weitere ca. 5 Minuten garen. Kopfsalat putzen, abspülen, trocken schütteln. Kerbel ebenfalls abspülen. Blättchen von den Stielen zupfen. Kopfsalat in sehr feine Streifen schneiden. Kopfsalatstreifen kurz vor dem Anrichten unter die Erbsensuppe mischen und abschmecken.

POT AU FEU VON ROTER BETE UND MOZZARELLA

Für 2 Personen

1	Schalotte
1/4	Weißkohl
1 EL	Olivenöl
500 ml	Gemüsebrühe
1 TL	geschroteter Koriander
1	Rote Bete (ca. 150 g)
2 EL	Zitronensaft
2–3 TL	Stärkemehl
1/2	geräucherter Mozzarella (ca. 60 g)
1/2 Bund	Dill
4 TL	Crème fraîche
	Salz, Pfeffer, Piment, etwas frischer Meerrettich

Schalotte schälen und fein würfeln. Vom Weißkohl den Strunk entfernen, den Kohl in 1 cm große Stücke schneiden. Öl in einem Topf erhitzen. Schalotte darin anschwitzen. Weißkohl zugeben und ca. 2 Minuten andünsten. Mit Brühe ablöschen. Koriander und Piment unterrühren. Abgedeckt ca. 10 Minuten köcheln lassen. Rote Bete waschen, schälen und fein reiben. In die Brühe geben und alles weitere ca. 10 Minuten kochen. Mit Salz, Pfeffer und Zitronensaft abschmecken. Speisestärke und 2 EL kaltes Wasser verrühren. Zum Eintopf geben, unterrühren und den Eintopf damit binden. Meerrettich schälen und in den Eintopf reiben (ca. 1 TL). Mozzarella in feine Stifte schneiden. Dill abspülen und trocken schütteln, die Dillfähnchen von den Stielen zupfen. Eintopf in Tellern oder Suppentassen anrichten. Mozzarellastreifen darauf verteilen. Mit je 1 TL Crème fraîche etwas Dill anrichten.

POT AU FEU VOM HOKKAIDOKÜRBIS

Für 2 Personen

1	kleiner Hokkaidokürbis (ca. 500 g)
2	Karotten
1/2	Sellerieknolle
1/2 Stange	Lauch
2	Zwiebeln
	Butter
1 EL	Currypulver (selbst gemacht, siehe Tipp)
800 ml	Gemüsebrühe (Bioladen)
etwas	schwarzer Pfeffer, Salz
2 EL	Kräuter gehackt (Schnittlauch, Petersilie, Koriander)

Kürbis halbieren, entkernen und in Würfel schneiden. Karotte, Sellerieknolle und Lauch waschen bzw. schälen und ebenfalls in feine Würfel schneiden. Zwiebeln schälen und fein schneiden. Butter in einem Topf erhitzen. Zwiebeln und Lauch darin anschwitzen. Karotten- und Selleriewürfel sowie die Hälfte der Kürbiswürfel und Curry untermischen.

Etwa 2 Minuten andünsten. Mit Brühe auffüllen. Alles etwa 15 Minuten bei schwacher Hitze köcheln lassen. Dann die restlichen Kürbiswürfel zugeben. Mit Pfeffer und Salz würzen und weitere ca. 10 Minuten garen.

Den Eintopf dabei so gut umrühren, dass die Kürbiswürfel zerfallen und dem Gericht eine gewisse Bindung verleihen. Abschmecken und nach Belieben mit Kräutern wie Schnittlauch, Petersilie oder Koriander anrichten.

TIPP:

Die Qualität des Gerichts wird von der Güte des Kürbisses und des Currys bestimmt. Hier ein Rezept für selbst gemachtes Curry.

CURRY

1/2	*Zimtstange*
1 EL	*Ingwerpulver*
4 EL	*Koriander*
4 EL	*Kreuzkümmel*
1 TL	*Fenchelsamen*
1 Msp.	*Kardamom*
1 EL	*Kurkuma*
2	*Pimentkörner*
1/2 TL	*schwarze Pfefferkörner*
1 TL	*Schwarzkümmel*

Zimtstange grob hacken. Mit Ingwerpulver, Koriander, Kreuzkümmel, Fenchelsamen, Kardamom, Kurkuma, Piment und Pfeffer sehr fein mörsern. Schwarzkümmel (Damaszenerkümmel bzw. Jungfer im Grünen) kommt erst in den Mörser, wenn alle anderen Zutaten pulverisiert sind. Dann so lange mahlen, dass der Schwarzkümmel grob zermahlen ist..

KAROTTEN

gelb, rot und leuchtend

Die Karotte (Daucus carota subsp. sativus) wird auch als Möhre bezeichnet. Ferner als Mohrrübe, Gelbrübe, Gelbe Rübe, Rüebli, Riebli oder Wurzel. Die Bezeichnung Karotte leitet sich wie auch die englische, französische und italienische Bezeichnung vom Lateinischen carota ab. Sie ist eine Gemüsepflanze mit sehr schönem Laub, so dass es Leute gibt, die das Kraut nicht wegwerfen, sondern Pesto daraus herstellen. Das kann man machen, geschmacklich ist es jedoch keine Offenbarung.

Der älteste Nachweis von wilden und kultivierten Karotten stammt aus der Antike Griechenlands und Roms. Dioskurides (60 n. Chr.) erwähnte die wilde Staphylinos als Arzneipflanze und stellte bereits Vergleiche zu den im Garten gezogenen Wurzeln an. Die Wildformen seien wirksamer als die domestizierten, sagt die Fachwelt.

Der Codex Vindobonensis von Dioskurides, der in der Österreichischen Nationalbibliothek Wien aufbewahrt wird und auch deshalb so benannt ist, zeigt auch die ältesten Abbildungen dieser Pflanze, welche die abendländische Kultur von Anfang an begleitet hat. Bereits ums Jahr neunhundert zogen Gärtner im Iran rotviolette Rübchen, und mit der Eroberung Spaniens durch die Muslime gelangten die Sämereien auf die Iberische Halbinsel und später nach Italien.

Die rotviolette Karotte wurde in Frankreich und Deutschland bis ins 19. Jahrhundert angebaut. Sie wurde von der Gelben Rübe verdrängt und ist erst in den letzten Jahren bei uns wieder heimisch geworden. Allerdings vermute ich, dass die modernen dunkelrotgelben Rübchen Kreuzungen mit Roten Beten sein könnten. Die Farbe ist außen dermaßen dunkel, dass es bei uns im Restaurant immer wieder zu Reklamationen kommt, weil die Gäste vermuten, das Karottengemüse sei angebrannt.

Man könnte noch stundenlang zu Züchtungen und Varietäten dieser Rübe zum Besten geben. Ganz gleich und wie auch immer, wollen wir hoffen, dass es öfter vorkommt, dass ein Esser sich beschwert, die Karotte würde zu sehr nach Karotte schmecken. So ist es mir ergangen, und ich wusste dann, dass ich die richtige Bioware eingekauft hatte.

Karottenkompott

Da sich bei uns zur Winterzeit irgendwelche von weither importierten Beeren und Früchte verbieten, dies mit Ausnahme der Mango und der Ananas, kam ich auf die Idee, dass man aus Karotten auch ein Kompott kochen könnte. Angeregt wurde ich durch die süße Schweizer Rüblitorte.

Also Karotten würfeln und in wenig Wasser mit einer Vanilleschote weich kochen. Anschließend teilweise pürieren, denn die Karotten zerfallen nicht von selbst. Ist dies geschehen und hat alles eine ungefähre marmeladige Konsistenz, kommt nach Belieben Zucker dran und frisch gemörserter Kardamom. Vorsicht mit dem Gewürz, man verfahre je nach Gusto.

KARAMELLISIERTE GEWÜRZ-KAROTTEN MIT PEPERONI

Für 2 Personen

1 Bund	junge Möhren mit Grün
2	Schalotten
1	Peperoni
2 EL	Butterschmalz
1 TL	brauner Zucker
1 Msp.	Kreuzkümmel, gemahlen
1 Msp.	Kardamom, gemahlen
2 Msp.	Piment, gemörsert
2 Msp.	abgeriebene Zitronenschale, unbehandelt
100 ml	Gemüsebrühe
2 EL	frisch gepresster Zitronensaft
1 TL	kalte Butter
	Salz, Pfeffer

Das Grün der Bundmöhren bis auf 1 cm abschneiden, die Möhren schälen und längs halbieren. Schalotten schälen und fein schneiden. Chili halbieren, die Kerne ausstreichen und fein hacken. In einer Pfanne mit Butterschmalz die Schalotten anschwitzen, Zucker zugeben und diesen schmelzen. Die Möhren sowie 1 Prise Salz, Kreuzkümmel, Kardamom, Piment, Chili und Zitronenschale zugeben.

Mit Gemüsebrühe und Zitronensaft ablöschen und zugedeckt ca. 6 Minuten dünsten. Dann die Möhren herausnehmen, den Fond mit kalter Butter binden. Die Möhren wieder untermischen und anrichten.

KAROTTEN IM YUFKATEIG

Für 2 Personen

300 g	geschälte Karotten
2	Schalotten, fein gehackt
1 Zehe	Knoblauch
1 TL	Puderzucker
2 cl	Raki
1/2 l	Geflügel- oder Gemüsebrühe
1 Msp.	Cayennepfeffer
1 Msp.	Kardamom
1 Msp.	Koriander
1/2 TL	Schwarzkümmel
1/2 TL	Kumin
1 TL	Stärkemehl
1 TL	Petersilie, fein gehackt
etwas	grober, schwarzer Pfeffer, Salz
1/2 Stange	Lauch in kleinen Würfeln
1 EL	Butter

Die Karotten in kleine Stücke schneiden und in Butter mit den fein geschnittenen Schalotten und dem fein gehackten Knoblauch andünsten. Zucker drangeben und karamellisieren lassen. Mit Raki und der Brühe ablöschen, die Gewürze gut untermischen und bei geschlossenem Deckel fünf Minuten kochen.

Die verbliebene Brühe in der Pfanne fast völlig reduzieren. Mit Stärkemehl dick binden, vom Herd nehmen und viel gehackte Petersilie und den Lauch zugeben. Mit Pfeffer und Salz abschmecken und etwas auskühlen lassen.

Yufkateig

120 g	Mehl (Type 1050)
1/2 TL	Salz
100 – 125 ml	lauwarmes Wasser

Die Zutaten zusammenkneten, es sollte ein fester Brotteig entstehen. Diesen Teig 2 Stunden lang ruhen lassen und anschließend hauchdünn auswellen.

Dafür eignet sich sehr der Gebrauch einer Nudelmaschine. Dünne Fladen ausrollen, das Karottengemüse darin einwickeln und in reichlich Olivenöl ausbacken.

„Purple Haze"

nennt sich eine Karotte, die außen dunkellila und innen hochgelb ist. Es handelt sich dabei um eine Rückzüchtung alter Sorten, die es vor hundert Jahren schon gab. Im Rheinland wurde sie in vielen Jahren von einem Demeter-Gärtner bis zur Marktreife gezüchtet. Die violette Färbung in der Außenhaut dieser manchmal fast schwarz wirkenden Karotte wird durch sogenannte Anthocyane bewirkt, diese Stoffe sind auch in blauen Trauben, Schwarzen Johannisbeeren, Brombeeren und Rotkohl vorzufinden. Wie allen Carotinoiden wird auch ihnen eine Funktion als natürlicher Oxidationsschutz der menschlichen Körperzellen zugeschrieben.

KAROTTENGEMÜSE „VICHY“

Für 2 Personen

300 g	Karotten
1	Schalotte
2 EL	Butter
1 EL	Puderzucker
100 ml	Gemüsebrühe
100 ml	Mineralwasser
1/2 Bund	glatte Petersilie
	Salz, Pfeffer

Die Karotten schälen und in dünne Scheiben schneiden. Die Schalotte schälen und fein würfeln. 1 EL Butter in einem Topf erhitzen, Schalottenwürfel, Puderzucker und Karottenscheiben dazugeben. Alles andunsten und karamellisieren lassen, mit der Brühe und dem Mineralwasser ablöschen und im geschlossenen Topf ca. 5 Minuten köcheln.

Petersilie waschen, trocknen und fein hacken. Das Gemüse mit 1 EL Butter binden, mit Salz und Pfeffer abschmecken und die Petersilie untermischen.

KAROTTENSALAT MIT WALNÜSSEN

10 g	gehackte Walnüsse
1/2	Peperoni
1	Lauchzwiebel
200 g	Karotten in dünnen Streifen
je 1/2 Bund	Blattpetersilie und Koriander, fein gehackt
1 Zweig	Minze, fein gehackt
1/2	Zitrone, ausgepresst
2 EL	Olivenöl
	Salz, Pfeffer

Walnüsse in einer Pfanne ohne Fett rösten. Peperoni entkernen und fein hacken, Lauchzwiebel in feine Röllchen schneiden.

Peperoni, Lauchzwiebeln, Karotten mit allen Zutaten gut mischen. Mit Zitronensaft und Olivenöl anmachen und mit Salz und Pfeffer abschmecken.

KAROTTEN-PÜREESUPPE MIT MOZZARELLA

Für 2 Personen

1	Schalotte, fein gehackt
1 TL	Butter
4	große Karotten
1/4 l	kräftige Gemüsebrühe
1/4 l	Milch
1 Msp.	Muskat
1/2	gewürfelter Mozzarella
	Pfeffer, Salz

Die Schalotten in Butter angehen lassen. Die Karotten in Scheiben dazugeben und, bevor sie Farbe bekommen, mit der Brühe und der Milch auffüllen und weich kochen. Mit dem Mixstab pürieren und abschmecken mit Muskat, Pfeffer und Salz. Nun den fein gewürfelten Mozzarella dazugeben.

***Passierte Suppen sind** in der deutschen Küche schon immer heimisch. Es handelt sich um Suppen, welche zermixt und sich durch eigenes Fruchtfleisch andicken. Sie kann auch gelegentlich in die Nähe eines Eintopfs rücken, überhaupt dann, wenn sie zu lange gekocht und alles sowieso zu Matsch geworden ist.*

Wird man von letzterem Küchenunfall heimgesucht, die Pampe nicht wegwerfen sondern einfach mit Nachdruck erklären: „Leute, das ist altes Frankreich, absolut original und nicht einfach zu kochen. Der besondere Geschmack rührt vom stundenlangen Kochen!“

KAROTTEN-SAFRAN-SUPPE

Für 2 Personen

2	Schalotten
750 g	Karotten
3 EL	Butterschmalz
1 Msp.	Safranfäden
1 TL	brauner Zucker
1 1/4 l	Gemüsebrühe
3 EL	kalte Butter
40 ml	Sahne
	Salz, Pfeffer

Schalotten schälen und fein schneiden. Die Möhren ebenfalls schälen und in dünne Scheiben schneiden. In einem Topf mit 1 EL Butterschmalz die Schalotte anschwitzen, Möhren zugeben, kurz anbraten, den Safran zugeben, mit Zucker bestreuen und diesen karamellisieren.

Dann mit Gemüsebrühe ablöschen und diese um 1/4 einkochen lassen. Die Brühe mit Salz und Pfeffer abschmecken, ein paar Möhrenscheiben herausnehmen und zur Seite stellen. Die Suppe pürieren, durch ein feines Sieb passieren und die kalte Butter und die Sahne untermixen.

LINSEN

Das Grauen meiner Kinderzeit hatte einen Namen, es war die Linse. Sie soll ja aus den Mittelmeergebieten stammen und man fragt sich, warum sie es über die Alpen geschafft hat. Wie Unkraut auch auf steinigstem Boden, wächst die ideale Folgefrucht der Schwäbischen Alb: Lehm-Steine-Linsen. Fast ein geeigneter Titel für eine Heavy-Metal-Band. Weit vor der Erfindung der Schrotkugeln wurden Linsen schon in der Steinzeit angebaut. Wer halbwegs bibelfest is, der weiß auch um den Doofkopf Esau.

„Und Jakob kochte ein Gericht. Da kam Esau vom Felde heim und war müde und sprach zu Jakob: ‚Lass mich kosten das rote Gericht, denn ich bin müde!' Aber Jakob sprach: ‚Verkaufe mir heute deine Erstgeburt.' Esau antwortete: ‚Siehe, ich muss doch sterben. Was soll mir denn die Erstgeburt?' Jakob sprach: ‚So schwöre mir heute!'
Und er schwur ihm und verkaufte seine Erstgeburt.
Da gab ihm Jakob Brot und das Linsengericht, und er aß und trank, stand auf und ging davon."

Ein schlechtes Geschäft, denn die großen, allgemein üblichen Linsen stehen bis heute im Ruf der Schwerverdaulichkeit. Manche Mediziner sagen, Linsen seien das Schrecklichste, was man seinem Magen antun kann.

Und vor fünfzehn Jahren verschwand die Linse fast ganz von den Speisekarten. Nur im Schwabenland hielt sich das Gericht „Linsen mit Spätzle" recht wacker. Dann entdeckten Gourmetköche die französische, kleine „Le Puy"-Linse und alle Vorurteile waren mit einem Schlag vom Tisch und die Linse wieder oben auf dem Tisch. Die kleinen delikaten Linsen gab es vor dem Krieg auch in Deutschland. Doch die Ernte der Schoten und das Herauspusseln der Frucht war durch neuzeitliche Lohnkosten nicht mehr rentabel. Die Alblinse des Saatgutzüchters Fritz Späth verschwand und ward nie mehr wiedergesehen. Doch eines Tages geschah das Wunder: Man entdeckte in St. Petersburg trotz heftigster Recherche nicht das Bernsteinzimmer, aber dafür etwas anderes und letztlich Wichtigeres.

Die alten Linsensorten der 1940er und 1950er Jahre, „Späths Alblinse I und II", wurden 2006 in der Wawilow-Saatgutbank in St. Petersburg entdeckt. Dort bekamen 2007 die Bauern der Erzeugergemeinschaft „Alblaisa" wenige hundert Linsensamen. Sie wurden 2008 bis 2010 in mühevoller Arbeit vermehrt. Anfangs in Gewächshäusern und später unter Hagelschutznetzen und letztlich dann im Freiland. 2011 konnte die Erzeugergemeinschaft schon auf 34 Hektar Späths Alblinse II, „Die Kleine", anbauen und sie damit erstmals zum Verkauf anbieten. Die größere Schwester, Späths Alblinse I, kam nach der Ernte 2012 auf den Markt.

Es ist schön, wenn man sich zum Kochen aus der Region ein ursprüngliches Produkt besorgen kann; auf die Schwaben braucht man trotzdem nicht neidisch zu sein. Die französische „Le Puy"-Linse ist mindestens ebenbürtig und letztlich sind die zu Unrecht diffamierten großen Tellerlinsen im Geschmack eindeutiger als die Zwerglinsen, von denen es auch schwarze Sorten gibt und die von Blödköchen gerne Linsenkaviar genannt werden. Wie auch immer, ein Hoch auf die Linse.

BUNTER LINSENEINTOPF MIT RÄUCHERFORELLE

Für 2 Personen

120 g	braune Tellerlinsen
2	Schalotten
1 Bund	Suppengemüse (Möhre, Sellerie und Lauch)
2	Lauchzwiebeln
2 EL	Olivenöl
600 ml	Gemüsebrühe
1	geräuchertes Forellenfilet
1 Prise	Zucker
1 EL	Balsamico
2 TL	kalte Butter
	Salz, Pfeffer

Die Linsen 2 Stunden in reichlich Wasser einweichen.

Schalotten schälen und fein schneiden. Das Suppengemüse putzen und mit den Lauchzwiebeln in feine Würfel schneiden.

Einen Topf mit Olivenöl erhitzen, die Schalotten darin anschwitzen, die abgeschütteten und eingeweichten Linsen zugeben, mit Brühe auffüllen und ca. 45 Minuten köcheln. Dann das Suppengemüse zugeben und noch 15 Minuten weiterkochen. Den Ofen auf 70 Grad (Ober-/Unterhitze, 60 Grad Heißluft oder Gas Stufe 1) vorheizen. Forellenfilet häuten und im Ofen erwärmen.

Den Linseneintopf mit Salz, Pfeffer, Zucker und Balsamico abschmecken. Kalte Butter unterziehen und in tiefen Tellern anrichten. Forellenfilet obenauf legen und mit Lauchzwiebeln bestreuen.

LINSEN MIT INGWER

Für 2 Personen

2	fein gehackte Schalotten
1	gepresste Knoblauchzehe
1 EL	gehackter Ingwer
30 g	gelbe geschälte Linsen
1 EL	Butter
1/8 l	Gemüsebrühe
2	Frühlingszwiebeln
1/8 l	Champagner
2 Zweige	Estragon
2 EL	Würfel von geschälten Tomaten
1/2 Bund	Blattpetersilie
	Salz, Pfeffer

Die Linsen über Nacht einweichen. Wird so verfahren, liegt die Garzeit der Linsen bei ca. zehn bis zwölf Minuten. Außerdem platzen die Linsen nicht, sondern behalten schön ihre Struktur.

Schalotten, Knoblauch, Ingwer und Linsen in Butter anschwitzen. Mit Gemüsebrühe ablöschen und fünf Minuten einkochen.

Die Frühlingszwiebeln längs mehrfach einschneiden und zu den Linsen legen, dann Champagner und Estragon zugeben. Die Flüssigkeit reduzieren, Tomatenwürfel und gehackte Petersilie hinzufügen und mit Salz und Pfeffer abschmecken.

LINSEN MIT SPÄTZLE

Für 2 Personen

2	Zwiebeln, fein gehackt
1	Knoblauchzehe, gequetscht
200 g	Linsen (evtl. kleine Alb- oder Le-Puy-Linsen)
1/2 l	kräftiger Rotwein
1/2 l	Gemüsebrühe
1	mehlige, rohe Kartoffel
1 Bund	Thymian, fein gehackt
	Pfeffer, Salz
1 Bund	Suppengemüse, fein gehackt
1 EL	Butterschmalz
2 EL	Essig

Linsen 2 Stunden lang in kaltem Wasser einweichen.

Die Zwiebeln mit dem Knoblauch in Butterschmalz anrösten, die Linsen dazu mit Rotwein und Brühe auffüllen, die Kartoffel dazureiben und weich kochen. Nun das Suppengemüse und etwas Essig dazu.

Nach 15 Minuten den Thymian dazugeben. Einmal aufkochen. Abschmecken mit Pfeffer und Salz und eventuell noch Essig.

Für schwäbische Aborigines ist dieses Rezept natürlich nicht geeignet. An solche Leute angeglichen, müssen Saitenwürstle und Speck in die Linsen und Fleischbrühe wäre obligat.

LINSENGEMÜSE MIT GERÖSTETEN SALBEIBLÄTTERN

Für 2 Personen

1	Schalotte, fein gehackt
1	Knoblauchzehe, fein gehackt
1 TL	Butter
250 g	Le-Puy-Linsen oder Alb-Linsen
1/2 l	Rotwein
1/4	Sellerie, fein gewürfelt
1	Karotte, fein gehackt
10	Salbei-Blätter, Olivenöl
1 Bund	Schnittlauch
1 Bund	Petersilie
1 TL	Mehlbutter (1 TL Butter mit 2 EL Mehl verrühren)
	Pfeffer, Salz

Linsen wie üblich über Nacht einweichen.

Die Schalotten und den Knoblauch in Butter anrösten, die Linsen dazugeben und mit Rotwein ablöschen. 20 Minuten kochen. Nun die fein gewürfelten Gemüse mitgaren. Das Linsengemüse eventuell mit etwas Mehlbutter, nach Belieben andicken. Vor dem Anrichten Schnittlauch und gehackte Petersilie untermischen. Mit Pfeffer und Salz abschmecken.

Separat in einer Pfanne in Olivenöl die Salbeiblätter frittieren. Herausnehmen, auf Küchenkrepp legen, salzen und obenauf legen.

LINSENSALAT

Für 2 Personen

250 g	kleine Linsen über Nacht in reichlich Wasser einweichen.

Dressing:

In ein Marmeladeglas geben: sind alle Zutaten drin, dann schütteln.

7 EL	Olivenöl
2 EL	Rotweinessig
2 EL	Weißwein
2 TL	Dijonsenf
1 Msp.	Zimt
1 TL	Zucker
1	Karotte, fein gehackt
1 Bund	Schnittlauch
1	Schalotte, fein gehackt
	Pfeffer und Salz

Die Linsen 20 Minuten in Salzwasser weich kochen. Etwas Biss dürfen sie noch haben.

Alle Zutaten des Dressings, außer der Karotte, dem Schnittlauch und der Schalotte, werden in das Glas gefüllt. Deckel drauf und gut durchschütteln.

Die Karotte in dünne Scheiben schneiden, anschließend in Streifen und dann in feine Würfel. Mit der Schalotte und etwas Olivenöl anschwitzen. Schnittlauch schneiden. Alles zu den Linsen geben und mit dem Dressing anmachen.

LINSENSALAT MIT PORTULAK

Für 2 Personen

2 Bund	Portulak, von den Stielen befreit
250 g	Berglinsen

Dressing:

In ein leeres Marmeladeglas geben:

7 EL	Olivenöl
2 EL	Balsamicoessig
2 EL	Weißwein
2 TL	grober Senf
2 EL	Schalotte, fein gehackt
2 EL	Karotte, fein gehackt
2 EL	Lauch, fein gewürfelt
1 Bund	Schnittlauch
	Pfeffer und Salz, etwas Zucker

Die Linsen 30 Minuten in Salzwasser weich kochen. Etwas Biss dürfen sie noch haben.

Alle Zutaten des Dressings, außer der Schalotte, der Karotte, dem Lauch und Schnittlauch, werden in das Glas gefüllt. Deckel drauf und gut durchschütteln. Die Karotte in dünne Scheiben schneiden, anschließend in Streifen und dann in feine Würfel. Mit der Schalotte und etwas Olivenöl anschwitzen. Lauch und Schnittlauch schneiden. Alles zu den Linsen und dem Portulak geben und mit dem Dressing anmachen. Mit dem Dressing werden die gut abgetropften Linsen und die Portulakblättchen angemacht. Der volle Geschmack stellt sich erst nach gutem Durchziehen des Salats ein.

PAPRIKA

Für 2 Personen

Paprika im Ofen geröstet

4	Paprika
2 EL	Olivenöl
1/2 TL	Kümmel
1/2 TL	Ingwerpulver
	Pfeffer, Salz

Die Paprika halbieren und die Kerne entfernen, Paprika in daumenbreite Schnitze schneiden. Ein Ofenblech mit Alufolie auslegen, die Paprikaschnitze darauf verteilen und mit Olivenöl beträufeln. Pfeffern, salzen und mit Kümmel und Ingwer bestreuen.

Ofen auf 200 Grad vorheizen und die Paprika 30 Minuten rösten.

Sollten die Paprika dunkle bis schwarze Flecken bekommen, so muss man davor keine Angst haben. Leicht angekokelte Parika ist durch den Karamellisierungsprozess sehr wohlschmeckend. In Italien nennt man solcherart geröstete Paprika „Peperonata", die man sehr gut in Olivenöl einlegen kann.

GEFÜLLTE PAPRIKA MIT SPINAT UND FETAKÄSE

Für 2 Personen

1	Zwiebel, fein geschnitten
400 g	Blattspinat
1 Bund	Basilikum
1 Bund	Blattpetersilie
	Meersalz, schwarzer Pfeffer aus der Mühle
1 EL	frische Butter
3 EL	Weißbrotbrösel
200 g	Feta
4	Paprika
1/4 l	Fleischbrühe
2 EL	Olivenöl

Die Zwiebel fein hacken und in etwas Olivenöl anrösten, die gewaschenen Spinatblätter, das Basilikum und die gehackte Petersilie kommen dazu, alles wird gut durchmengt.

Würzen mit Pfeffer und Salz. Nun alles auf ein Sieb geben und gut ausdrücken. Den Saft in einer Kasserolle auffangen und einkochen. Spinat wieder in den Topf geben. Die Masse noch einmal mit einer Butterflocke abrunden, Brotbrösel und Fetakäse untermischen, mit Pfeffer und Salz abschmecken und in die ausgehöhlte Paprika füllen.

Die Fleischbrühe in einen Topf geben, die Paprika einsetzen und im Ofen 45 Minuten bei 180 Grad garen. Ab und an mit Olivenöl bepinseln. In den letzten 5 Minuten wird die Oberhitze eingeschaltet.

LETSCHO

Für 2 Personen

Gemüsepaprika:

1	gelb
1	rot
1	grün
1	große Gemüsezwiebel
2	Fleischtomaten
4 EL	Olivenöl
1	Knoblauchzehe, gequetscht
1/4 l	Gemüsebrühe
1 Zweig	Thymian
1 Bund	Basilikum
1 EL	mildes Paprikapulver
	grober schwarzer Pfeffer, Meersalz

Paprika, Zwiebel und Tomaten in haselnussgroße Stücke schneiden.

Zwiebel in etwas Olivenöl mit Knoblauch andünsten und die Paprika dazugeben. Mit etwas Gemüsebrühe ablöschen. Thymian und Tomaten dazu.

Das ganze Gericht wird mit möglichst wenig Öl gekocht. Zum Schluss wird mit Paprikapulver, Basilikum, Meersalz und grobem schwarzen Pfeffer abgeschmeckt,.

Vor dem Anrichten rühre ich sehr gerne noch etwas bestes Olivenöl darunter.

PEPERONATA MIT ZUCCHINI

Für 2 Personen

4	Paprika, verschiedenfarbig
2 EL	Olivenöl zum Rösten
1	Zwiebel, grob gewürfelt
2	Zucchini
1/4 l	Gemüsebrühe
1 TL	Oregano
1/8 l	Olivenöl zum Einlegen
2	Marmeladegläser
	grober Pfeffer, Salz, 1 Knoblauchzehe

Die Paprika von den Kernen befreien und in Stücke schneiden. Diese in einer Pfanne rösten, bis sie braun werden. Halbierte Schalotten, Zucchiniwürfel und ganze Knoblauchzehen dazu. Rösten, bis alles braun gesprenkelt ist. Mit Brühe ablöschen und den Oregano dazugeben. Alles reduzieren, bis die Brühe völlig verkocht ist. Mit Pfeffer und Salz noch einmal abschmecken. Nun das Öl dazu und alles auf ca. 100 Grad erhitzen.

Die Gläser heiß ausspülen und das Gemüse heiß einfüllen. Dicht verschließen, abkühlen lassen. Im Kühlschrank kann man die Gläser ohne Weiteres vier bis acht Wochen aufbewahren. Man nennt diese von Kühlung unterstützte Haltbarmachung Halbkonserve oder Präserve.

Ich gebe die Gläser immer noch anschließend für 15 Minuten in die Geschirrspülmaschine. Sie sind dann außen sauber und gut durchgeheizt. Peperonata sind Paprika auf italienische Art im Ofen geröstet, oder aber auf einfachere Art in der Pfanne gebraten. Und alles wird in Olivenöl eingelegt .

PAPRIKA-GURKEN-SAUCE

Für 2 Personen

1/2 Bund	Schnittlauch
1	rote Paprika
1	Salatgurke
2	Fleischtomaten
2 EL	Olivenöl
3 TL	Agavensirup
1 Bund	gehackte Petersilie
1 Msp.	Cayennepfeffer
	grober schwarzer Pfeffer, Salz

Schnittlauch sehr fein schneiden und zur Seite stellen.
Alle anderen Zutaten in einen Mixer geben, anschließend mit Pfeffer und Salz würzen und mit dem Schnittlauch verfeinern.

Diese Sauce passt zu vielen Gerichten. Dünn gehalten, mit Eiswürfeln, kann man diese Sauce sogar als Sommerdrink verwenden.

RETTICH

Im Sand eingegraben oder im Kühlschrank zeigt der Rettich nach der Ernte eine gewisse Langlebigkeit. Dies aber nur, wenn man ihn mit Folie oder in einer Box vor dem Austrocknen bewahrt. Guter Rettich ist nicht sehr biegsam oder weich, sondern immer stramm. Früher lagerte man Wurzelgemüse, zu denen auch der Rettich gehört, in einem feuchten Keller. Den Rettich konnte man so bis in den Januar hinein frisch halten. Schneidet man ihn jedoch in Scheiben oder hobelt ihn, schmeckt er auch als angemachter Salat die ersten zwanzig Minuten wunderbar. Danach verabschiedet sich der feine Geschmack und weicht einem müffelnden Geruch.

Übrigens: Je schärfer der Rettich ist, desto besser, denn umso mehr Inhaltsstoffe hat er in sich versammelt. Den Rettich also nicht lange vorsalzen, damit das Salz nicht Saft und Schärfe aus der Wurzel zieht. Es ist gut, ihn mit etwas Sahne abzumildern, doch besser wäre, man gewöhnt sich an den Geschmack.

Übrigens wird nirgends so viel Rettich gegessen wie in Asien, allerdings wird er dort meistens gekocht. Beim Erhitzen verliert er nahezu alles Senföl, also die Schärfe, und erinnert dann eher an eine Pastinake, an Rübchen oder Kohlrabi. Roher Rettich muss frisch serviert werden. In Gaststätten esse ich aus oben genannten Gründen niemals Rettichsalat, und wenn, dann nur, nachdem ich meine Nase daran gehalten habe. Meist wird dieser nämlich frühmorgens vorbereitet und steht dann, ob kühl gestellt oder nicht, irgendwo in der Küche herum. Bereits nach 15 Minuten setzt die Fermentation und Oxydation ein und es kommt so zu einem – ich kann es nicht anders sagen – pupsigen Geruch.

RADIESCHEN IN SÜSS-SCHARFEM SENF

Für 2 Personen

2 Bund	Radieschen
1/2	Zwiebel
etwas	Butter zum Andünsten
125 ml	Gemüsebrühe
1 EL	süßer Senf
1 EL	scharfer Senf
1 TL	Honig
	Salz, schwarzer, grober Pfeffer
20 g	kalte Butter

Die Radieschen waschen und trocken tupfen. Radieschenblätter abschneiden und fein hacken. Radieschen halbieren. Zwiebel schälen und fein würfeln. Butter erhitzen, Zwiebel darin andünsten.

Halbierte Radieschen zugeben und ebenfalls andünsten. Gemüsebrühe untermischen und bei geschlossenem Deckel 5 Minuten dünsten. Senf und Honig unterrühren. Mit Salz und Pfeffer würzen und etwas einköcheln lassen. Kalte Butter untermischen und damit binden. Radieschenblätter darüberstreuen und anrichten.

EISZAPFEN IN KERBELSAUCE

Für 2 Personen

2 Bund	Eiszapfen (fingerlange Rettiche)
1 kleine	Zwiebel
1 EL	Butter
125 ml	Gemüsebrühe
1 TL	scharfer Senf
125 g	Sahne
1 TL	Mehlbutter (1 TL Butter mit 2 EL Mehl verrühren)
1/2 Bund	Kerbel
	Salz, schwarzer Pfeffer

Eiszapfen abspülen und trocken tupfen. Die Blätter abschneiden und fein hacken. Die Eiszapfen längs halbieren. Zwiebel schälen und fein würfeln. Butter erhitzen. Zwiebel darin andunsten. Eiszapfen zugeben und ca. 2 Minuten dünsten. Gemüsebrühe zugeben.

Abgedeckt ca. 10 Minuten dünsten. Die Eiszapfen herausnehmen und warm stellen. Senf und Pfeffer in den Fond geben und alles etwas einkochen lassen. Sahne unterrühren und aufkochen lassen. Mehlbutter untermischen und die Sauce damit binden. Mit Salz und Pfeffer würzen. Eiszapfen zugeben, erhitzen. Kerbelblättchen abzupfen und fein schneiden. Kerbel unter die Sauce mischen und abschmecken. Rettichblätter darüberstreuen und anrichten.

RETTICH AUS DEM WOK

Für 2 Personen

200 g	Glasnudeln
1	roter Rettich (ca. 200 g)
1	weißer Rettich (ca. 200 g)
1 Stange	Staudensellerie
2	Frühlingszwiebeln
1/2	Knoblauchzehe
1 EL	Distelöl
1/2 TL	Szechuanpfeffer, geschrotet
2 EL	Sojasauce
etwas	Zitronensaft
2 Stiele	Koriander

Die Glasnudeln in kaltem Wasser einweichen. Die Rettiche waschen, schälen und in ca. 1 cm dünne Streifen schneiden. Sellerie in dünne Scheiben schneiden. Frühlingszwiebeln putzen und ebenfalls in ca. 3 cm große Stücke schneiden. Knoblauch schälen und sehr fein hacken.

Distelöl in einem Wok erhitzen. Rettich darin anbraten. Sellerie unterrühren und 3 Minuten braten. Frühlingszwiebeln, Knoblauch und Szechuanpfeffer dazugeben. Alles gemächlich bräunen. Mit Sojasauce ablöschen. Mit Zitronensaft abschmecken. Korianderblättchen abzupfen.

Die Glasnudeln abgießen, abtropfen lassen und unter das Gemüse mischen. Würzen. Korianderblättchen untermischen und eventuell noch mit etwas Sojasauce würzen.

RÜBE

Vor vielen Jahren gab es im Züricher Haffmans-Verlag eine Literaturzeitschrift, welche unter dem Signet „Der Rabe" die Leserschaft in Wallung brachte. Ich betreute dann irgendwann mal einen „Genussraben" und dieser errang unerwarteten Erfolg. Also mussten noch mehr Genussraben her. Ich saß dann in froher Runde in der Lüneburger Heide, genauer gesagt in Bargfeld in einem Gasthaus namens Bangemann. Dies war und ist immer noch die Anlaufstelle für hungrige und durstige Jünger Arno Schmidts. Außer Jan Philipp Reemtsma tranken wir alle ordentlich aus einer Rumflasche, die mit „Old Schmidt" etikettiert war. Der Verleger Haffmans meinte, seine Literaturzeitschrift, den „Raben", könne man nicht immer mit Ess- und Trinkgeschichten füllen. So wurde eine neue kulinarisch-literarische Zeitschrift entworfen und bei noch mehr Rum bastelten wir an einem neuen Titel. Die Titelsuche gestaltete sich spannend und es geisterten seltsame Wortschöpfungen über dem Zigarettenqualm. Die Erwägungen reichten von „Der Furz" bis „Die Blähung" oder „Der Mampfred", frei nach George Gordon Byrons berühmter Dichtung „Manfred". Nichts gefiel uns, bis sich Jan Philipp Reemtsma mit Geraune bemerkbar machte. Unser Wortgerangel erstarb augenblicklich, denn Reemtsma sprach nie viel und wenn, dann mit leiser Stimme etwas so Wichtiges, dass der Rest der Welt es niemals ohne Gebrüll von sich gäbe.

Reemtsma, mit zarter Stimme, sagte schlicht: „Rübe." „Jawohl!", schrien wir besoffenen Raben, „genau, ‚DIE RÜBE', dat isses!" Ohne „Rübe" kein Denken und so geriet die erste Ausgabe mit einem Titelbild von Volker Kriegel zum Superhit. Es war der Hinweis, wo beim Mann das Denken stattfindet. Der Künstler hatte nämlich die stringente Idee, den Koch, also mich, mit offenem Hosenladen darzustellen, aus dem eine gelbe

Die Wichtigkeit der Rüben hatte mein Freund Volker Kriegel schon vor zwanzig Jahren geahnt, als er mich mit den Mitherausgebern der kulinarischen Literaturzeitschrift „Rübe" porträtierte. Der Küchenzwerg in der Mitte bin ich.

Rübe hing. Mit der „Rübe“ ging es zehn Jahre, dann war der Dampf raus. Diese Zeit genügte mir aber, um mich vom Rübeneintopf-Trauma des zwanzigsten Schreckensjahrhunderts zu lösen. In den damaligen Achtzigerjahren durfte man als schwäbischer Koch nicht einmal an Steckrüben denken, wollte man nicht als Gefängniskoch abgekanzelt werden. Die Rübenphobie der Deutschen scheint auf Überlieferungen des Steckrübenwinters 1918 zurückzureichen. Die Diffamierung rührt noch von damals und scheint die Ursache zu sein, weshalb die meisten seit Jahrzehnten nie eine gut gekochte Rübe gegessen haben.

Allein die schlimmen Gerüchte um dieses „Schweinefutter“ haben die Steckrübe aus der guten Küche verbannt. Auch im Zweiten Weltkrieg kam es zu einem Rübenshowdown, denn diese in Notzeit gefütterten Rüben waren tatsächlich Runkelrüben, mit denen man eigentlich das Vieh sättigen sollte.

Als ich mein erstes Steckrübengericht auf die Karte setzte, nannte ich die Dinger einfach „gelbe Navets“. Die Gäste erkundigten sich, was das sei, und unser Geflunker lief darauf hinaus, dass das französische Rübchen seien. Die Leute waren begeistert, obwohl die echten Navets ja viel kleiner sind und weißes Fleisch und eine ins Lila changierende Haut aufweisen.

Mit Rüben hatte man es schwer, allenfalls Karotten erfreuten sich einer gewissen resignierten Anerkennung. Meist agierten sie aber unter der feinschmeckerischen Wahrnehmungsgrenze als fade Beilage, wenn nicht gar als orangefarbener Matsch, oder sie wurden im Pichelsteiner Eintopf an der Verfallsgrenze angeboten. Das war der Rübchenhimmel schlechthin.

Unzählige andere Varianten wurden aufgetischt oder in Dosen und Gläser gefüllt. Ich erinnere nur an Hengstenbergs Karottensalat aus der Kollektion „Hengstenbergs gesammelte Werke“, die man, weil affensauer, aus den gemischten Kneipensalaten klauben musste, um sich nicht mit Verätzungen zu verstümmeln.

Es ist der Biobewegung zu danken, dass mir eines Tages weiße und knallgelbe Mairübchen, gezonte Chioggia-Rote-Bete, Teltower- oder Küttiger Rübchen angeboten wurden. Man stelle sich vor, das Schweizer Kaff Küttigen oder das im Sand langsam verrieselnde Örtchen Teltow hätten nicht die Weltgeschichte durch ihre Rübchen befeuert, niemand würde auch nur ahnen, was die Scholle dieser Gemeinwesen hervorbringen kann. Auch konnte niemand ahnen, welche Beliebtheit und welcher Reichtum an verschiedenen Rübchensorten in unseren Tagen nun die gute Küche bevölkert.

Die Rübe als Phönix aus der Asche, dieser Gedanke wäre ziemlich untertrieben. Ich hoffe, dass die folgenden Rezepte meine Begeisterung für dieses Gemüse gut darstellen.

RÜBENRAGOUT

Für 2 Personen

300 g	Steckrüben, gewürfelt
2	Schalotten, fein gehackt
1	Knoblauchzehe, gequetscht
2 EL	Butter
1/8 l	Weißwein
1 TL	gezupfte Thymianblättchen
	Muskat
1/8 l	Sahne
1 TL	Mehlbutter (1 TL Butter mit 2 EL Mehl verrühren)
	Salz

Die Rübchen in Salzwasser knackig kochen und anschließend in Eiswasser kurz abschrecken.

Schalotten und Knoblauch in Butter anschwitzen und mit dem Wein und der Gemüsebrühe ablöschen. Um die Hälfte reduzieren. Mit Salz abschmecken, Thymian und Muskat und Sahne dazu und alles mit etwas Mehlbutter binden.

RAGOUT VON TELTOWER RÜBCHEN

Für 2 Personen

500 g	Teltower Rübchen
2	Schalotten oder Zwiebeln, fein geschnitten
1	Knoblauchzehe, gequetscht
1 EL	Butter
1/4 l	Gemüsebrühe
1 Zweig	Thymian
1 TL	Mehlbutter (1 TL Butter mit 2 EL Mehl verrühren)
2 EL	Crème fraîche
	Muskat
1 Bund	gehackte Petersilie
	Pfeffer, Salz

Die Rübchen der Länge nach je nach Größe vierteln oder achteln und mit Zwiebeln und Knoblauch in Butter anschwitzen.

Mit etwas Brühe begossen, werden die Rübchen auf kleinem Feuer langsam bei geschlossenem Deckel gedünstet. Die Garzeit beträgt etwa 20 Minuten. Auf halber Zeit geben wir den Thymian hinein. Pfeffer, Salz und Muskat dran. Den Fond mit etwas Mehlbutter abbinden und mit der Crème fraîche verfeinern. Nochmal abschmecken und vor dem Anrichten die Petersilie unterrühren.

...Wofür ich denn schönstens danke und zugleich vermelde, dass die Teltower Rübchen von der feinsten Sorte zu rechter Zeit glücklich angekommen sind und heute, nebst den Fischen, ein freundschaftliches Mahl auszustatten Gelegenheit geben.

Goethe an Chormeister Carl Friedrich Zelter

STECKRÜBENPÜREE

Für 2 Personen

1	Steckrübe von ca. 500 g
1	Zwiebel in feinen Scheiben
1 EL	Butter
1/4 l	Milch
1 Zweig	Thymian
1	gepresste Knoblauchzehe
4 Blättchen	Pfefferminze
	Salz, Pfeffer

Zwiebel in Butter so andünsten, dass sie keinesfalls Farbe nehmen. Steckrüben in dünne Scheiben schneiden, Milch und restliche Zutaten beigeben. Alles bei geschlossenem Deckel 20 Minuten gut weich kochen, danach reduzieren, dass fast alles anbrennt. Abschließend mit dem Mixstab pürieren und nochmals abschmecken.

***Vegetarier** sehen ihrer Nahrung oft sehr ähnlich, und warum in Bayern so mancher Saukopf herumläuft oder gar in die Politik geht, das wäre auch nachdenkenswert.*

Frei nach einem luftverschaffenden Ausruf meines Onkels August.

RÜBEN-PETERSILIEN-PÜREE MIT POCHIERTEM EI

Für 2 Personen

3	Petersilienwurzeln
1	kleine Steckrübe
2	Schalotten
1 EL	Butter
125 ml	Gemüsebrühe
1 Prise	Muskat
	etwas Pfeffer und Salz
1	Zwiebel
1 EL	Essig
2	sehr frische Eier
1/2	frischer Trüffel

Petersilienwurzeln und Steckrübe schälen und klein schneiden. Schalotten schälen, fein schneiden und in einem Topf mit 1 EL Butter anschwitzen.

Gemüsestücke zugeben, mit Brühe auffüllen, mit etwas Muskat, Pfeffer und Salz würzen und bei geschlossenem Deckel bei kleiner Flamme weich dünsten. Wenn das Gemüse weich ist, sollte die Flüssigkeit eingekocht sein. Ist noch Restflüssigkeit vorhanden, den Deckel abnehmen und diese einkochen lassen.

Dann mit einem Stampfer das Gemüse zu Püree zerkleinern und mit Pfeffer, Salz und Muskat abschmecken.

Für die pochierten Eier zuerst die Zwiebel schälen, halbieren und mit 1 Liter Wasser aufsetzen. Das Wasser salzen (ca. 1 EL Salz), den

Essig zugeben und ca. 10 Minuten kochen, dann die Zwiebelhälften herausnehmen. Das Wasser zum Siedepunkt etwas abkühlen lassen. Die Eier jeweils in eine Tasse schlagen. Sie müssen sehr frisch und der Dotter darf nicht verletzt sein. Ein Ei ins siedende (nicht kochende) Wasser rutschen lassen. Den Topf vom Herd ziehen. Das Ei ca. 1 Minute lang unbeweglich verharren lassen, dann erst das nächste Ei zugeben. Eventuelle Eiweiß-Schlieren werden mit einem Schaumlöffel korrigiert. Den Topf wieder auf den Herd geben, so dass der Siedepunkt nahezu erreicht wird. Fünf Minuten ziehen lassen, dann herausnehmen.

Das Gemüsepüree mithilfe eines Ringes auf dem Teller anrichten, den Ring abziehen. Das Ei daraufgeben und etwas frischen Trüffel darüberhobeln.

TIPP:

Die Eier lassen sich auch sehr gut vorbereiten. Die pochierten Eier einfach in gut gesalzenes, kaltes Wasser geben und dann in dem abgekühlten Eierwasser lagern. Vor dem Anrichten wieder kurz in siedendes Wasser geben.

RÜBCHEN IN PARMESANSAUCE MIT KLEINEN SEMMELKNÖDELN

Für 2 Personen

2 Bund	Teltower Rübchen oder Navets
1/2	Zwiebel
1	Knoblauchzehe
1 EL	Butter
1/8 l	Gemüsebrühe
1 TL	scharfer Senf
1 Msp.	schwarzer, grober Pfeffer
1/8 l	Sahne
1/2 Bund	Kerbel
1 TL	Mehlbutter (1 TL Butter mit 2 EL Mehl verrühren)
4 EL	geriebener Parmesan
	Salz

Das Grün der Rübchen abtrennen und klein hacken. Wir nehmen aber nur die schönen Blättchen. Überhaupt ist darauf zu achten, dass das Blattgrün nicht welk oder gelblich ist.

Zwiebel und Knoblauch fein würfeln und in Butter anschwitzen. Mit Gemüsebrühe ablöschen und die der Länge nach geviertelten Rübchen bei geschlossenem Deckel zehn Minuten dünsten.

Senf und Pfeffer einrühren. Reduzieren, Sahne und gehackten Kerbel dazu, die Sauce mit etwas Mehlbutter binden und den Parmesan unterrühren. Abschmecken mit Pfeffer und Salz.

Semmelknödel

5 Brötchen, in dünne Scheiben geschnitten (1 Tag alt)

1/4 l	Milch
1 EL	Butter
1 EL	Rauchspeck, fein gewürfelt
1 EL	Lauch, fein gewürfelt
1	kleine Zwiebel, fein gewürfelt
2	Eier
1 Msp.	Muskat
	Pfeffer, Salz

Die Brötchenscheiben in eine Schussel geben, zu der man einen dicht schließenden Deckel besitzt. Die Milch aufkochen und zu drei Viertel kochend über die Brötchen verteilen. Nicht alles auf einmal. Sofort den Deckel daraufgeben. So durchfeuchtet der Dampf die kleinsten Poren des Brots. Etwas ziehen lassen.

Dann den zuvor in etwas Butter angeschwenkten Speck, den Lauch und die restlichen Zutaten in die Schüssel geben und vermengen. Sollte die Masse zu trocken sein und sich nicht richtig vermengen, so schüttet man noch etwas Milch nach, um einen geschmeidigen Teig herzustellen. Mit Muskat, Pfeffer und etwas Salz abschmecken.

Es ist darauf zu achten, dass die Masse nicht völlig glatt gemengt wird, sondern noch eine rustikale Struktur mit einzelnen Brotteilchen behält.

MAIRÜBCHEN IN KERBELSAUCE

Für 2 Personen

Mairübchen sind mit den Roten Beten verwandt, aber ganz weiß und mild im Aroma. Ersatzweise können auch französische Navets verwendet werden, die eine gewisse Ähnlichkeit mit den Teltower Rübchen haben.

2 Bund	Mairübchen
1/2	Zwiebel
1	Knoblauchzehe
1 EL	Butter
1/8 l	Gemüsebrühe
1 TL	scharfer Senf
1 Msp.	schwarzer, grober Pfeffer
1/8 l	Sahne
1/2 Bund	Kerbel
1 TL	Mehlbutter (1 TL Butter mit 2 EL Mehl verrühren)
	Salz

Das Grün der Mairübchen abtrennen und klein hacken. Wir nehmen aber nur die schönen Blättchen. Überhaupt ist darauf zu achten, dass das Blattgrün nicht welk oder gelblich ist.

Zwiebel und Knoblauch fein würfeln und in Butter anschwitzen. Mit Gemüsebrühe ablöschen und die der Länge nach geviertelten Rübchen bei geschlossenem Deckel zehn Minuten dünsten. Senf und Pfeffer einrühren. Reduzieren, Sahne und gehackten Kerbel dazu und die Sauce mit etwas Mehlbutter binden. Abschmecken mit Pfeffer und Salz.

SAUERKRAUT

Ludwig Uhland wusste um's Sauerkraut, wie in seinem Metzelsuppenlied besungen:

Auch unser edles Sauerkraut,
wir sollen's nicht vergessen;
ein Deutscher hat's zuerst gebaut,
drum ist's ein deutsches Essen.
Wenn solch ein Fleischchen, weiß und mild,
im Kraute liegt, das ist ein Bild
wie Venus in den Rosen.

Patriotismus ist meist auf Irrtum gegründet, warum nicht auch bei Uhland, als er deutsche Ursprungsrechte für das „edle" Kraut beanspruchte? Saurer Kohl, mit Reiswein gespritet, war schon bei den uralten Chinesen kulinarischer Alltag. Es war auch auf allen Weltmeeren zu Hause, denn Milchsäuregärung ist die älteste Konservierung, und was den Erhalt der Vitamine angeht nach wie vor unübertroffen. Beim Einwecken, sprich Erhitzen, werden wertvolle Vitamine und Nährstoffe weitgehend vernichtet, die beim Einsäuern im Gärtopf ohne Sterilisierung erhalten bleiben. Durch den hohen Anteil an Milchsäure ist dieses Gemüse besonders verdauungsfördernd.

Die feinere Art, Sauerkraut zu genießen, ist die individuelle Herstellung zu Hause. Früher besorgte man sich beim Küfer ein Holzfass, allerdings sind diese Zeiten weitgehend dahin. Ein aussterbender Beruf. Plastik fordert überall seine Opfer, denn Holzfässer sind um das, was sie so romantisch macht, in der Pflege aufwendiger. Heute kauft man für seine kleine

Sauerkrautmanufaktur den in den Haushaltsgeschäften oder im Raiffeisen-Lagerhaus erhältlichen Steinzeug-Gärtopf mit Fassungsvermögen von 7,5 l bis zu 50 l (ca. 30,00 bis 100,00 Euro). Für einen mittleren Haushalt sind 25–30 l zweckmäßig für ebenso viele Kilogramm Kraut. Außerdem braucht man einen Krauthobel, einen Bohrer zum Ausstechen des Strunks und einen Stampfer, der durch entsprechende Fäuste ersetzbar ist.

Zunächst eine etwas aufwendige Anschaffung, aber durch regelmäßigen Sauerkrautverzehr wird alles durchaus rentabel. Auch hält das Steinzeug, wenn man es nicht gerade umwirft, länger als ein Menschenleben. Übrigens ist die ‚Sauerkrautstande', also dieser Steintopf, auch gut zu gebrauchen für Rotsäuerung und zum Pokeln von Schweinefleisch

Nun aber wieder zu den Krautsköpfen. Die holen wir auf dem Wochenmarkt, oder noch besser gleich vom Bio-Bauern ab Haus. Nach gründlicher Reinigung des Topfes und Saubermachen des Krauts wird es fein gehobelt in Lagen und in handbreiten Schichten eingestampft. Für 25 kg Kraut braucht man 250 g grobes Meersalz, zwei Hände voll gequetschte Wacholderbeeren, zur schnelleren Gärung, sozusagen als Starterbakterien, einen halben Liter Molke (Reformhaus) und einen Liter Weißwein. Das Salz und der Wacholder werden nach jeder Lage eingestreut.

Die für die Töpfe passenden Beschwer-Steine geben dem Gemüse den für die Milchsäuregärung erforderlichen Druck. Die Lake soll die Steine 3–5 cm überdecken. Wenn der gemüseeigene Saft nicht ausreicht, wird mit gekochtem und abgekühltem Salzwasser (1 l Wasser / 15 g Salz) aufgegossen. Bevor man den Deckel aufsetzt, kommt noch Wasser in die Rinne, um schädliche Luftzufuhr und Ungeziefer zu verhindern. Nach 4 – 6 Wochen ist das Kraut genussreif. Im Laufe der Zeit wird die Sache sauer. Man entnimmt das Kraut nach Belieben. Nach zwei Monaten könnte das Kraut aber zu sauer werden. Dann nimmt man den Rest, verpackt in dichte Beutel, und ab in die Tiefkühltruhe.

Unter keinen Umständen das Kraut vor dem Kochen waschen; diesem Unfug frönten einst viele Küchendragoner und auch Köche der Neuzeit. Dieser alt überlieferte Küchenbrauch war früher oft nötig, da das Kraut nicht aufmerksam eingestampft wurde oder meistens nicht völlig mit Lake bedeckt war. Die Folge: Schimmel und übelste Gerüche, gegen die man mit Waschen und kräftigen Gewürzen anging.

Mit dem Thema Sauerkraut kann man mühelos ein ganzes Buch füllen. Hier beschränke ich mich auf das Grundrezept: In Gänse- oder Schweineschmalz (eventuell geklärter Butter) fein gewürfelte Zwiebel angehen lassen, ohne dass sie Farbe bekommt. Das Kraut mit einer Gabel auflockern, zugeben und mit 2 dl Riesling ablöschen. Salz, Pfeffer, Apfelwürfel und, im Leinentüchlein eingebunden, 1/2 TL Kümmel, 10 zerdrückte Wacholderbeeren und Pfefferkörner, 1 Lorbeerblatt, 1/2 TL Thymian unterziehen. Bouillon dazugießen, um das Ganze knapp zu bedecken. Obendrauf etwa 250 g geräucherten Speck und eine 4 cm dicke Scheibe rohen, durchwachsenen Schweinebauch mit Schwarte. Die Kasserolle zugedeckt 2 Stunden in den Ofen bei 130 Grad. Eventuell muss etwas Bouillon nachgegossen werden.

Eine pikante Variante: Fett durch Sonnenblumenöl oder Olivenöl – extra vergine – ersetzen, den Gewürzen ein walnussgroßes Stück feinst gehackte Ingwerwurzel zugeben. Über die gesundheitliche Bedeutung des Sauerkrauts könnte man mehrere Almanache füllen: Der Wörishofener Pfarrer Sebastian Kneipp hat es als besten aller Darmbesen gepriesen, und auch Wilhelm Busch soll uns noch bestätigen:

„Nur der ist klug und weise, der auf Gesundheit schaut.
Denk an gesunde Speise und iss täglich Sauerkraut."

Diesen Beitrag schrieb mein Vater, der Tierarzt Alfred Klink, vor vielen Jahren. Gott hab' ihn selig. Wie man unschwer erkennen kann, handelt es sich hierbei um ein traditionelles Rezept. Ich selbst koche heute das Kraut wesentlich kürzer und frischer. Andererseits: Traditionalisten liegen nicht immer falsch.

Sei mir gegrüßt, mein Sauerkraut

Der Tisch war gedeckt. Hier fand ich ganz
Die altgermanische Küche.
Sei mir gegrüßt, mein Sauerkraut,
Holdselig sind deine Gerüche!

Heinrich Heine

BRATAPFEL MIT SAUERKRAUT

Für 2 Personen

2	Äpfel (z. B. Boskop)
2	Schalotten
1	Knoblauchzehe
300 g	Sauerkraut, frisch aus dem Fass
2 EL	Butter
200 ml	trockener Weißwein
1 TL	Bio-Gemüsebrühenpulver
1/2 EL	Zucker
100 g	Sahne
1 TL	Kartoffelstärke
1 TL	Wacholderbeeren
2	Lorbeerblatt,
	Salz, Pfeffer, Zucker

Äpfel waschen und trocken reiben. Einen Deckel abschneiden und mit einem Kugelausstecher bis auf einen 1 cm dicken Rand aushöhlen. Fruchtfleisch klein schneiden. 2 Schalotten und Knoblauch schälen und fein würfeln. Sauerkraut abtropfen lassen (nach Belieben abspülen). 1 EL Butter erhitzen. Schalotte darin glasig dünsten, Knoblauch mitdünsten. Ausgehöhltes Apfelfruchtfleisch und Sauerkraut zugeben und kurz anbraten.

Sauerkrautmischung mit Wein ablöschen. Wacholderbeeren andrücken. Mit Gemüsebrühe, Lorbeerblatt, Zucker, Salz und Pfeffer würzen. Zugedeckt bei schwacher Hitze etwa 15 Minuten dünsten, dabei die Flüssigkeit komplett einkochen lassen.

Sahne unter das Sauerkraut mischen, weitere ca. 5 Minuten einköcheln lassen und erneut abschmecken (eventuell mit 1 TL Stärke binden). Backofen auf 200 Grad Ober- und Unterhitze (Umluft: 180 Grad, Gas: Stufe 3–4) vorheizen.

Sauerkraut in die Äpfel füllen, übrige Butter in Flöckchen darauf verteilen und in eine gefettete Form setzen. Äpfel im Backofen etwa 35 Minuten weich backen. Dazu passen Kartoffelplätzchen.

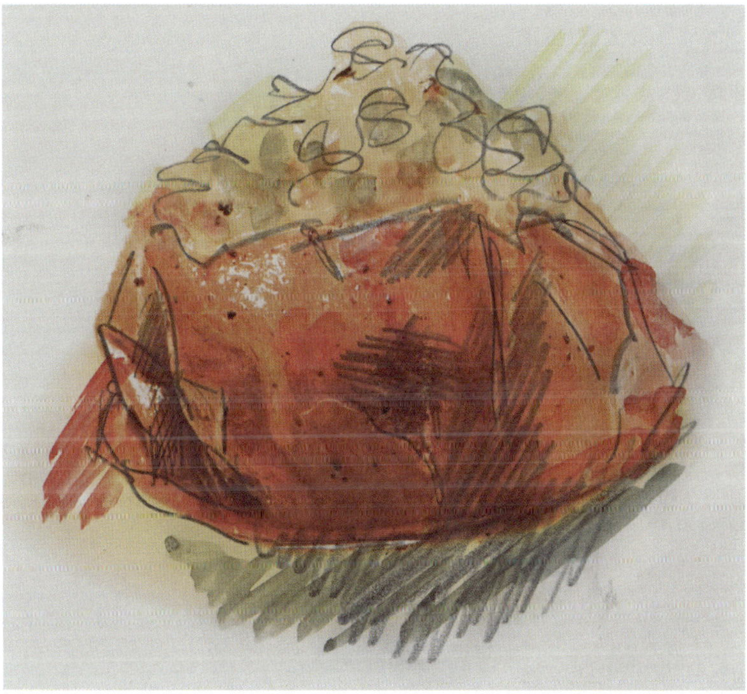

SAUERKRAUTKUCHEN

Für ca. 12 Stücke

260 g	Mehl
250 g	Schichtkäse
170 g	Butter
3	Zwiebeln
1	Knoblauchzehe
500 g	Sauerkraut
1 EL	Bio-Gemüsebrühe (Instant)
125 ml	Weißwein (oder heller Traubensaft)
5	Eier
100 g	Sahne
150 g	saure Sahne
1 TL	Kümmel, gehackt
	Salz, schwarzer Pfeffer, Muskatnuss

Für den Teig 250 g Mehl, Schichtkäse, 1 Prise Salz, 150 g kalte Butter auf eine Arbeitsfläche geben. Alle Zutaten mit einem großen Messer durchhacken und mit den Händen anschließend zu einem glatten Teig verkneten. Die Teigkugel in Folie wickeln und eine Stunde kalt stellen. Inzwischen Zwiebeln und Knoblauch schälen und in Würfel schneiden.

Übrige Butter in einem Topf erhitzen. Zwiebeln und Knoblauch darin andünsten. Sauerkraut zugeben und andünsten. Gemüsebrühe und Weißwein unterrühren. Mit Salz und Pfeffer würzen.

Alles etwa 20 Minuten einkochen lassen, um ein sämiges, nicht zu feuchtes Kraut zu bekommen. Kraut abkühlen lassen. 4 Eier, Sahne, saure Sahne, Kümmel, Muskatnuss und übrige 10 g Mehl verrühren und unter das Sauerkraut mischen.

Eine Springform (ca. 28 cm Durchmesser) einfetten. Backofen auf 200 Grad Ober- und Unterhitze vorheizen. Den Teig ausrollen, zusammenfalten und anschließend 2–3 mm dick ausrollen. Den Teig in die Springform geben, dabei einen Rand formen. Die Sauerkrautmasse in die Form füllen. Im Backofen ca. 40 Minuten backen, dabei zunächst mit Alufolie abdecken. Die restlichen 15 Minuten ohne Folie backen. Kuchen herausnehmen und ofenwarm servieren.

TIPP:

Der Teig lässt sich vielseitig verwenden und passt auch gut für Quark- und Apfeltaschen.

Und so viel noch zum Vegetarismus:

Lieber eine Laus im Kraut als gar kein Fleisch.

(Schwäbisches Basiswissen)

SAUERKRAUTPLÄTZCHEN

Für 2 Personen

2	kleine Zwiebeln
2	Wacholderbeeren
2 TL	Butter
200 g	frisches Sauerkraut
50 ml	Weißwein
4	Eigelb
40 g	Mehl
4 EL	geriebenes Weißbrot
etwas	Muskat
4 EL	Olivenöl
	Meersalz, Pfeffer

Zwiebeln schälen und klein schneiden. Wacholderbeeren andrücken. Butter in einer Pfanne erhitzen. Zwiebeln darin andünsten. Sauerkraut zufügen und ebenfalls andünsten. Weißwein, Salz, Pfeffer, Wacholderbeeren zugeben und ca. 20 Minuten schmoren. Sauerkraut abkühlen lassen. Kraut in ein Küchentuch geben und kräftig auswringen. Kraut in eine Schale geben. Eigelbe, Mehl, Weißbrot und Muskat zugeben.

Mit Salz und Pfeffer würzen. Alles zu einem Teig verkneten. Das Kraut zu ca. 6 cm großen Plätzchen formen. Öl portionsweise in einer Pfanne erhitzen. Die Krautküchlein darin von beiden Seiten ca. 2–3 Minuten knusprig braten. Herausnehmen, auf Küchenpapier abtropfen lassen. Dazu schmeckt Feldsalat.

SAUERKRAUTSAUCE

Für 2 Personen

50 g	frisches Sauerkraut
1	Schalotte
1 TL	Butter
250 ml	Weißwein
125 ml	Gemüsebrühe
1	Lorbeerblatt
5	Wacholderbeeren
1	Gewürznelke
1 TL	Kümmel
2	Pimentkörner
1 TL	Zucker
1 EL	Mehlbutter (1 TL Butter mit 2 EL Mehl verrühren)

Das Sauerkraut fein hacken. Die Schalotte schälen und in feine Streifen schneiden. Butter in einem Topf erhitzen. Schalotten darin andünsten. Weißwein und Gemüsebrühe zugeben, aufkochen und das Sauerkraut untermischen. Lorbeerblatt, Wacholderbeeren, Nelke, Kümmel und Pimentkörner in einen Teefilterbeutel geben und zum Kraut geben. Zugedeckt ca. 20 Minuten dünsten. Gewürzbeutel herausheben. Mit etwas Zucker abschmecken, Mehlbutter unterrühren und die Sauerkrautsauce damit binden. Nach Belieben etwas pürieren. Die Sauce passt zu Kartoffelplätzchen oder Kartoffelstampf.

KRAUTSPÄTZLE

Für 2 Personen

Spätzle

200 g	Mehl
4	Eier
etwas	Salz

Sauerkraut

2	Schalotten
1	kleiner Apfel (z. B. Boskop)
2 EL	Butter
200 g	Sauerkraut, frisch aus dem Fass
250 ml	trockener Weißwein
1 TL	Bio-Gemüsebrühepulver
1	Lorbeerblatt
2	Wacholderbeeren
1 TL	Zucker
1	Zwiebel
	schwarzer Pfeffer aus der Mühle

Das Mehl in eine Schüssel geben, in der Mitte eine Mulde drücken. Eier und 1 Prise Salz zugeben. Alles mit einem Kochlöffel verrühren und so lange schlagen, bis ein glatter Teig entstanden ist. Mit Klarsichtfolie abdecken und den Teig eine halbe Stunde ruhen lassen.

Für das Sauerkraut die Schalotten schälen und fein schneiden. Den Apfel waschen und mit der Schale fein reiben. 1 EL Butter in einem Topf erhitzen. Schalotten darin glasig anschwitzen. Sauerkraut und Apfel zugeben, Wein zugeben. Gemüsebrühepulver, Lorbeerblatt und zerdrückte Wacholderbeeren zugeben. Mit etwas Pfeffer und Zucker würzen. Bei geschlossenem Deckel ca. 15 Minuten garen. Danach den Deckel abnehmen und die restliche Flüssigkeit einkochen lassen. Das Sauerkraut abschmecken und das Lorbeerblatt herausnehmen.

Die Zwiebel schälen, halbieren und in hauchdünne Scheiben schneiden. In einer Pfanne 1 EL Butter erhitzen. Die Zwiebel darin goldbraun rösten. Den Backofen auf 160 Grad (Umluft 150 Grad) vorheizen. Für die Spätzle einen großen Topf mit Salzwasser zum Kochen bringen. Ein Spätzlebrett kurz in kochendes Wasser tauchen, darauf ca. 2 EL Teig streichen. Den Teig mit einem ebenfalls angefeuchteten Teigschaber zuerst flach streichen und dann dünne Streifen ins kochende Wasser schaben. Wenn die Spätzle gar sind, steigen sie nach oben. Mit einem Sieblöffel die Spätzle aus dem kochenden Wasser herausnehmen und kurz in eine Schüssel mit kaltem Wasser geben. Anschließend absieben.

Das Ganze so lange wiederholen, bis der Teig aufgebraucht ist. Eine gebutterte Auflaufform abwechselnd mit Sauerkraut und Spätzle je 2 cm hoch schichten. Obenauf die gerösteten Zwiebeln geben. Die Auflaufform im vorgeheizten Ofen ca. 20 Minuten backen. Herausnehmen und servieren.

SAUERKRAUTSTRUDEL MIT SCHNITTLAUCHSAUCE

Für 4 Personen

Strudelteig

250 g	Mehl
2 EL	Öl
2 Tropfen	Essig
ca. 80 g	Butter
	Salz

Für das Sauerkraut

2	Schalotten
1 EL	Butter
200 ml	trockener Weißwein
300 g	Sauerkraut, frisch aus dem Fass
1 TL	Bio-Gemüsebrühepulver (Instant)
1 TL	Wacholderbeeren, Lorbeerblatt, Pfeffer, Salz

Für die Schnittlauchsauce

1	Zwiebel
1 EL	Butter
1 EL	Mehl
200 ml	Gemüsebrühe
1 Bund	Schnittlauch
	Pfeffer, Salz

Mehl, Öl und lauwarmes Wasser, Essig und Salz zu einem glatten, geschmeidigen Teig verkneten. Der Teig sollte ab und zu geworfen werden. Abschließend die Teigkugel in Klarsichtfolie wickeln und den Teig mindestens 30 Minuten ruhen lassen.

Für das Sauerkraut die Schalotten schälen und fein schneiden. Butter in einer Pfanne erhitzen. Schalotten darin glasig dünsten. Mit Wein ablöschen, Sauerkraut, Gemüsebrühepulver, Lorbeerblatt und Wacholderbeeren zugeben. Mit etwas Pfeffer würzen. Zugedeckt ca. 15 Minuten garen. Nach 15 Minuten den Deckel abnehmen und die Flüssigkeit fast vollständig einkochen lassen. Lorbeerblatt entfernen. Mit Salz und Pfeffer würzen. Den Backofen auf 180 Grad (Umluft: 160 Grad/Gas: Stufe 2–3) vorheizen.

Für den Strudelteig die Butter erwärmen. Den Teig mit etwas Mehl bestäuben und auf ein Küchentuch geben. Den Teig noch einmal durchkneten. Ausrollen und ausziehen. Mit bemehlten Handrücken unter den Teig greifen und von der Mitte aus nach außen sehr dünn ziehen, bis er fast durchsichtig ist (Risse und Löcher ausbessern). Dicke Teigränder abschneiden. Den ausgezogenen Teig mit der Hälfte der flüssigen Butter bestreichen und das Sauerkraut darauf verteilen.

Den Strudel aufrollen und auf ein mit Backpapier belegtes Blech legen und mit der übrigen flüssigen Butter bestreichen. Den Strudel im Backofen ca. 30 Minuten goldbraun backen. Für die Sauce die Zwiebel schälen und fein schneiden. 1 EL Butter in einem Topf erhitzen. Die Zwiebel darin andünsten. Mehl darüberstäuben. Gemüsebrühe zufügen und unter Rühren ca. 6 Minuten köcheln lassen. Mit einem Pürierstab pürieren. Mit Salz und Pfeffer würzen. Schnittlauch abspülen, trocken schütteln, in Röllchen schneiden und unter die Sauce mischen.

SELLERIE

Trinker pflegten im Altertum die Sitte, bei Banketten das Haupt mit Sellerie zu umkränzen. Man versprach sich davon ein besseres Durchhalten, um größere Mengen Wein und Schnaps zu überstehen.

Auf alle Fälle ist Sellerie aber ein guter Geschmacksverstärker und ein wirklich intensives Gemüse. Ich erinnere mich, dass mein Vater auf das Zeugs ziemlich scharf war. Wurde Siedfleisch gekocht, so kamen die letzten dreißig Minuten jede Menge Sellerieknollen in die Brühe. Das gab der Fleischbrühe einen würzigen Geschmack. Das ist längst nicht alles, eigentlich ging's auch um das weich gekochte Gemüse, das in dicken Scheiben in Essig und Öl angemacht wurde.

Mein Vater schrieb dem Wurzelgemüse eine sehr gesundheitsförderliche Wirkung zu. Wir Kinder wurden gezwungen, unter Grausen eine große Portion lauwarmen Selleriesalat zu vertilgen. Heute sehe ich das als Delikatesse an, was beweist, dass Schmecken erlernt werden muss.

SCHARFE SELLERIESUPPE

Für 4 Personen

Suppe

1	Sellerieknolle (ca. 400 g)
1	Zwiebel
300 g	mehlige Kartoffeln
1 rote	Peperoni
1 EL	Olivenöl
125 ml	Weißwein
375 ml	Gemüsebrühe
125 ml	Milch
125 g	Sahne
	Muskat
	Salz, schwarzer Pfeffer

Petersilien-Pesto

1/2 Bund	glatte Petersilie
2 EL	Pinienkerne
6 EL	Olivenöl
Saft von 1/2	Zitrone
	Salz, schwarzer Pfeffer

Sellerie abspülen, schälen und in dünne Scheiben schneiden. Zwiebel schälen und fein würfeln. Kartoffeln waschen, schälen, ebenfalls in feine Scheiben schneiden. Peperoni halbieren, entkernen und fein schneiden.

Olivenöl in einem Topf erhitzen, die Zwiebeln darin bei mittlerer Hitze 2 Minuten dünsten. Sellerie und Kartoffeln dazugeben, weitere

3 Minuten dünsten. Mit Salz und Pfeffer würzen. Wein zugeben und stark einkochen lassen. Brühe, Milch und Sahne unterrühren und 15 Minuten köcheln lassen.

Petersilie waschen, trocken schütteln, die Blätter abzupfen und grob hacken. Pinienkerne in einer Pfanne ohne Fett goldbraun rösten und abkühlen lassen. Pinienkerne mit Petersilie, Olivenöl pürieren. Mit Zitronensaft, Salz und Pfeffer würzen. Die Selleriesuppe pürieren und abschmecken. Peperonistreifen unterrühren und kurz erwärmen. Suppe mit Petersilienpesto beträufeln und anrichten. Dazu passt Bauernbrot.

Diese Suppe lässt sich durch die Beigabe von viel Knoblauch zu einer wahnsinng gesunden Knoblauchsuppe umfunktionieren. Zu den oben genannten Zutaten 6 Zehen Knoblauch dazumixen. Dies ist allerdings nur zu empfehlen, wenn das Handy funktioniert und man so über den Äther zu seinen Mitmenschen sprechen kann.

Und da fällt mir noch etwas ein: Nichts gegen reichlich essen und trinken, jedoch fatalerweise: Bei Tisch, ganz gleich über wie viele Stunden: Dort wird auch der Dumme nicht gescheit.

SELLERIEPUREE

Für 2 Personen

800 g	Knollensellerie
2	Schalotten
1 EL	Butter
125 ml	Gemüsebrühe
1 Msp.	Muskatnuss
3 EL	Sahne
	Pfeffer und Salz

Sellerie waschen, schälen und in Stücke schneiden. Schalotten schälen und fein würfeln. Butter in einem Topf erhitzen. Schalotten darin glasig dünsten. Selleriestücke zufügen und kurz mitschmoren. Brühe zugeben, mit etwas Muskat, Pfeffer und Salz würzen. Abgedeckt bei kleiner Flamme ca. 10 Minuten weich dünsten. Deckel abnehmen und die Flüssigkeit einkochen lassen.

Mit dem Stabmixer pürieren oder einfach mit einer Gabel zerdrücken (je nachdem, ob man das Püree lieber fein oder grob mag). Sahne (nach Belieben) unter das Püree rühren und erneut mit Pfeffer, Salz und etwas Muskat abschmecken.

SELLERIERAHMSUPPE MIT SCHWARZEN TRÜFFELN

Für 6 Personen

1	Sellerieknolle (ca. 500 g)
600 ml	Gemüsebrühe
300 g	Schlagsahne
50 g	Butter
75 g	frische schwarze Trüffeln (Melanosporum)
2 EL	Madeira
	Saft von einer Zitrone
	Salz, Pfeffer

Den Sellerie waschen, schälen, vierteln und sofort mit Zitronensaft beträufeln. Sellerie weich dämpfen (im Dämpftopf oder mit einem Siebeinsatz im Topf). 2 EL Gemüsebrühe beiseitestellen. Übrige Brühe erhitzen. Sellerie fein pürieren. Püree und Brühe mischen und unter Rühren aufkochen. Sahne dazugeben und einige Minuten köcheln lassen. Mit Salz und Pfeffer würzen. 30 g kalte Butter stückchenweise unterrühren.

Trüffeln waschen, bürsten und in dünne Scheiben schneiden. Übrige 20 g Butter erhitzen und die Trüffelscheiben darin leicht andünsten. Mit Madeira und 2 EL Gemüsebrühe ablöschen. Die Trüffelscheiben auf der Suppe verteilen und sofort servieren.

SELLERIERAVIOLI MIT TOMATEN-BASILIKUM-SAUCE

Für 2 Personen

1	Sellerieknolle
200 g	Champignons
2	Schalotten
1 Zweig	Petersilie
1 Zweig	Basilikum
200 g	Tomaten
1/2	Zitrone
100 ml	Milch
1 EL	Olivenöl
100 ml	Gemüsebrühe
2 EL	Butter
1	Eigelb
	Salz, Pfeffer

Sellerie waschen und schälen. Champignons putzen und fein hacken. Schalotten schälen und fein schneiden. Petersilie und Basilikumblätter abspülen, trocken schütteln und fein schneiden. Tomaten schälen, vom Kerngehäuse befreien und das Fruchtfleisch in Würfel schneiden. Zitronensaft auspressen.

Milch, 1 Liter Wasser, 1 Prise Salz und etwas Zitronensaft in einen Topf geben. Die ganze Sellerieknolle darin ca. 20 Minuten bissfest kochen. Inzwischen Olivenöl in einem Topf erhitzen. Die gewürfelte Schalotte darin andünsten. Tomaten zugeben und ca. 2 Minuten schmoren. Mit Gemüsebrühe ablöschen und ca. 5 Minuten weich dünsten. Mit Salz und Pfeffer abschmecken. Sellerie herausnehmen und abtropfen lassen. Den gekochten Sellerie in sehr dünne

Scheiben, ca. 1–2 mm dick, schneiden. Am besten geht es mit der Aufschnittmaschine. Den Backofen auf 180 Grad Ober- und Unterhitze vorheizen. Ein tiefes Backblech mit Backpapier auslegen. Butter in einer Pfanne erhitzen und die restlichen Schalotten darin andünsten. Champignons untermischen und braten. Petersilie unterrühren. Mit Salz und Pfeffer würzen.

Die Selleriescheiben gleichmäßig ausstechen. Eigelb verquirlen und die Ränder der Selleriescheiben damit bestreichen. In die Mitte der Scheiben je 1 TL Champignonmischung geben, mit einer zweiten Scheibe Sellerie abdecken und auf das Backblech legen. Oberfläche mit weicher Butter bestreichen. Im vorgeheizten Backofen auf der mittleren Schiene ca. 5 Minuten backen. Sauce auf vorgewärmten Tellern flach verteilen. Sellerieravioli daraufsetzen. Basilikumblätter darüberstreuen und anrichten.

Nichts ist schöner als das Essen in froher Runde. An großen Tafeln muss man übrigens die Zahl Dreizehn nur dann fürchten, wenn nur für zwölf Personen gekocht wurde.

SELLERIESAUCE

Für 4 Personen

1	kleine Sellerieknolle (ca. 250 g)
1	Schalotte
1 EL	Butter
125 ml	Gemüsebrühe
125 ml	Sahne
1 Spritzer	Zitronensaft
	Pfeffer, Salz, Muskat

Sellerieknolle waschen, schälen und fein würfeln. Schalotte schälen und sehr fein würfeln. Butter in einem Topf erhitzen. Schalotte darin hell andünsten. Selleriewürfel zugeben und kurz mitdünsten. Brühe zugeben.

Mit Salz und Pfeffer würzen. Sellerie weich kochen. Sahne unterrühren und pürieren. Mit Zitronensaft, Salz, Pfeffer und Muskat abschmecken. Eine tolle Sauce zu Pasta, Maultaschen oder Schupfnudeln.

GERÖSTETE SELLERIESTANGEN MIT COULIS VON FRÜHLINGZWIEBELN

Für 2 Personen

125 ml	kräftige Gemüsebrühe
1 Msp.	Reismehl
2	Frühlingszwiebeln
1 TL	Butter
1 Bund	Schnittlauch
6	Selleriestangen (ca. 15 cm lang)
2 EL	Mehl
4 EL	Toastbrotbrösel (frisch gerieben)
2	Eier
	Salz und Pfeffer, Butterschmalz

Brühe in einen Topf geben und etwa um die Hälfte einkochen lassen. Reismehl mit etwas kaltem Wasser verrühren, unter die Brühe rühren und damit binden. Frühlingszwiebeln waschen, putzen, in feine Ringe schneiden. Butter erhitzen, Frühlingszwiebeln darin kurz andünsten. Danach in die Brühe geben. Alles ca. 3 Minuten dünsten. Mit Salz und Pfeffer würzen. Schnittlauch waschen, trocken schütteln und in Röllchen schneiden. Unter die Sauce rühren. Die Selleriestangen waschen, putzen und in Salzwasser ca. 4 Minuten nicht zu weich blanchieren. Sellerie herausnehmen und in kaltes Wasser tauchen, abtropfen lassen und trocken tupfen. Mehl und Toastbrösel auf je einen flachen Teller geben.

Eier in einer Schale verquirlen. Selleriestangen zuerst in Mehl, dann im verquirlten Ei und zuletzt in den Toastbrotbröseln wenden. Butterschmalz portionsweise erhitzen. Selleriestangen darin von allen Seiten knusprig backen. Herausnehmen, abtropfen lassen. Mit dem Coulis von Frühlingszwiebeln anrichten. Pfeffer darübermahlen.

WALDORFSALAT

Für 2 Personen

Salat

1	Sellerieknolle (ca. 300 g)
3	Äpfel (z. B. Cox Orange)
1 EL	Zitronensaft
2 EL	Schlagsahne
2 EL	Walnüsse

Sellerie und Äpfel in feine Streifen schneiden, in eine Schale geben und mischen.

Zitronensaft darüberträufeln. Sahne halbfest schlagen. Die Nüsse fein hacken. Sahne und Nüsse mit Mayonnaise verrühren und unter die Apfel Sellerie Mischung heben.

Abschmecken und nach Belieben mit Selleriegrün und Walnusshälften anrichten.

Mayonaiserezept siehe nächste Seite.

MAYONNAISE

1 TL	Kapern
2	Eigelb
2 EL	Dijon-Senf
1 EL	Weißwein
125 ml	Sonnenblumenöl
1 EL	heller Balsamessig
	Salz, schwarzer Pfeffer

Die Herstellung von Mayonnaise ist sehr einfach, und wenn sie misslingt, dann ist es immer der gleiche Fehler.

Die Sauce kann nicht gerinnen, wenn man Folgendes beachtet: Man nimmt zwei Eigelbe. Diese in eine möglichst kleine Schüssel geben, so dass die Besen des Handrührgeräts noch darin Platz finden. Wenig Weißwein, Senf, gehackte Kapern und wenig Essig gut vermengen. Unter stetigem Rühren das Öl hineinlaufen lassen. Anfangs ist das eine ziemlich wässrige Angelegenheit, dann dickt das Ganze langsam an. Dann kann man das Öl ziemlich unbekümmert hineinlaufen lassen, bis die gewünschte Cremigkeit erreicht ist.

Mayonnaise ist mir die reine Wonne. Diese Sauce, richtig bereitet, war schon immer ein Kunstwerk. Sie ist allerdings in Deutschland, ganz anders als in Frankreich, sehr in Verruf geraten. Die Mayonnaise ist daran nicht schuld, sondern die deutsche Ernährungsweise.

„Satt ist man, wenn es einem schlecht wird." *Damit Ende der Fettdiskussion!*

TOMATEN

Springt die Verkehrsampel auf Rot um, tritt man auf die Bremse. Sieht ein Koch rot, geht ihm der Puls nach vorne durch, insbesondere dann, wenn reife Tomaten ihm die Küchenidylle aufmischen. Nun ja, ein bisschen übertrieben klingt das schon. Gewiss, Tomaten sind toll, dass aber ein Koch beim Anblick von Tomaten mit postkoitaler Verträumtheit ins Nirwana abschweift, das las ich mal, konnte es aber nicht glauben.

Und trotzdem, den Österreichern sei für die Bezeichnung Paradeiser gedankt, andere Ethnien sprechen von Liebesapfel, und die Italiener nennen den südamerikanischen Import „Pomodoro", also Goldapfel. Der heute gebräuchliche Name „Tomate" kam erst im 19. Jahrhundert auf und leitete sich von Xitomatl ab.

Ähnlich wie die Kartoffel, pflegte man im 17. und 18. Jahrhundert Tomaten als Zierpflanzen. Englische Quellen des achtzehnten Jahrhunderts, insbesondere Tourneforts Buch „Éléments de botanique", erwähnen jedoch bereits ihre Genießbarkeit, und 1719 wurden die Früchte nachweislich in Italien gegessen. Wenig später dann sprach die Encyclopædia Britannica vom alltäglichen Gebrauch der Tomaten in der Küche.

Deutschland ließ es langsamer angehen. Die Vertreter der Obrigkeit sahen in der roten Farbe der Früchte eine politische Gefahr. Kirchenvorsteher fürchteten ihre aphrodisische Wirkung und warnten: „Hütet euch, eure Söhne und Töchter vor den fremden Tomaten!" Als dies nichts half, verdächtigte man die Tomate, sie allein sei verantwortlich für die Geißel der Menschheit, den Krebs. Erst nach 1945 begann der Siegeszug der Tomaten und ist sehr den damaligen sogenannten Gastarbeitern zu verdanken. Frische Tomaten wurden im eigenen Garten geerntet, allerdings war die Saison recht kurz. Man behalf sich mit Tomatenmark und ich kann mich als Kind noch gut daran erinnern, dass Pastasciutta von Muttern immer mit viel Tomatenmark gepowert wurde.

GEFÜLLTE TOMATEN ALS SALAT

Für 2 Personen

4	mittelgroße Tomaten
1 Bund	Basilikum
1 kleine	Gartengurke
etwas	heller Balsamessig
ca. 200 g	Naturjoghurt
6 Scheiben	Baguette
etwas	Olivenöl
	Meersalz
	schwarzer Pfeffer aus der Mühle

Die Tomaten waschen, trocken reiben und am Blütenansatz einritzen. Tomaten kurz in kochendes Wasser geben, herausnehmen, in Eiswasser tauchen, abtropfen lassen und die Haut abziehen. Von den Tomaten einen Deckel abschneiden. Die Tomaten vorsichtig aushöhlen, von innen und außen salzen und pfeffern. Basilikum abspülen, trocken schütteln, die Blätter von den Stielen zupfen. Die Hälfte der Blätter fein schneiden.

Gurke sehr fein würfeln, mit dem ausgetretenen Tomatensaft vermengen und mit dem geschnittenen Basilikum mischen. Mit Meersalz, nach Belieben etwas Pfeffer und Balsamessig würzen. Die Tomaten mit dieser Mischung füllen und den Tomatendeckel daraufsetzen. Restliche Basilikumblätter und 2/3 vom Joghurt mischen und pürieren. Mit Salz und Pfeffer abschmecken. Den übrigen Joghurt als „Spiegel" auf Teller verteilen. Gefüllte Tomaten daraufsetzen. Basilikumjoghurt darüberträufeln. Brot toasten, mit Olivenöl beträufeln und leicht salzen. Mit den Tomaten servieren.

GEFÜLLTE TOMATEN MIT MOZZARELLA

Für 2 Personen

4	Fleischtomaten
1 Bund	Basilikum
ca. 60 g	Büffelmozzarella
etwas	heller Balsamessig
ca. 200 g	Naturjoghurt
6 Scheiben	Baguette
etwas	Olivenöl
	Meersalz
	schwarzer Pfeffer aus der Mühle

Die Tomaten waschen, trocken reiben und am Blütenansatz einritzen. Tomaten kurz in kochendes Wasser geben, herausnehmen und in Eiswasser tauchen, abtropfen lassen und die Haut abziehen. Von den Tomaten einen Deckel abschneiden. Die Tomaten vorsichtig aushöhlen, von innen und außen salzen und pfeffern. Basilikum abspülen, trocken schütteln, die Blätter von den Stielen zupfen. Die Hälfte der Blätter fein schneiden. Mozzarella in kleine Stücke schneiden, mit dem geschnittenen Basilikum mischen.

Mit Meersalz, nach Belieben etwas Pfeffer und Balsamessig würzen. Die Tomaten mit der Mozzarellamischung füllen und den Tomatendeckel daraufsetzen.

Restliche Basilikumblätter und 2/3 vom Joghurt mischen und pürieren. Mit Salz und Pfeffer abschmecken. Den übrigen Joghurt als „Spiegel“ auf Teller verteilen. Gefüllte Tomaten daraufsetzen. Basilikumjoghurt darüberträufeln. Brot toasten, mit Olivenöl beträufeln und leicht salzen. Mit den Tomaten servieren.

Kalte Tomaten *sind wie kalter Kartoffelbrei, zwar essbar, aber von sehr zaghaftem Aroma. Man versuche mal Folgendes: Die Tomaten vierteln oder achteln, etwas zuckern und in Olivenöl rundum ein bisschen anheizen, dann wie gewohnt als Salat anmachen.*

KONFITÜRE AUS GRÜNEN TOMATEN

Für 4 Gläser à ca. 300 g

1 kg	grüne Tomaten
1	unbehandelte Zitrone
400 g	Zucker
1 TL	schwarze Pfefferkörner

Tomaten abspülen, trocken reiben, in Stücke schneiden und dabei die grünen Stielansätze mit entfernen. Die Zitrone heiß abspülen, trocken reiben und die Schale sehr fein abreiben.

Vorbereitete Zutaten und Zucker vermengen und zugedeckt etwa 24 Stunden ruhen lassen.

Die Mischung in einen großen Topf geben und unter Rühren aufkochen. Dann bei starker Hitze unter Rühren einkochen, bis die Mischung dicklich wird. Zwischendurch eine Gelierprobe machen. Dazu etwa 1 TL Konfitürenmasse auf eine Untertasse geben, die Untertasse leicht schräg halten und die Masse verlaufen lassen. Wird die Mischung dabei fest, ist die Konfitüre ausreichend lange gekocht.
Pfefferkörner grob mörsern, unter die Konfitüre rühren. Sofort randvoll in vorbereitete Konfitürengläser mit Twist-off-Deckeln füllen, fest verschließen und auf dem Kopf stehend etwa 30 Minuten abkühlen lassen. Dann umdrehen und auskühlen lassen.

OFENGETROCKNETES TOMATENMARK

Für ca. 2 Personen

12	aromatische Eiertomaten
4 Zweige	Thymian
10 EL	Olivenöl
2	Knoblauchzehen
2 TL	Zucker
	Meersalz

Backofen auf 80 Grad Ober- und Unterhitze vorheizen. Tomaten waschen, trocken reiben, halbieren und entkernen. Thymian abspülen, trocken schütteln und etwas zerzupfen. Ein Backblech mit 1 EL Olivenöl bestreichen. Die Tomatenhälften mit der Hautseite nach oben auf das Blech legen. Knoblauchzehen (mit Schale) und Thymianzweige dazwischenlegen. Zucker darüberstreuen. Das übrige Olivenöl darüberträufeln.

Die Tomaten ca. 3 Stunden im Backofen trocknen lassen. Die leicht angetrockneten Tomaten herausnehmen und häuten. Die gebackenen Knoblauchzehen schälen. Tomaten und Knoblauch fein pürieren. Nach Belieben mit etwas Salz würzen.

Schmeckt formidabel auf geröstetem Ciabatta und zu Pasta und dient zum Aromatisieren für Saucen.

ROTE TOMATENMOUSSE

Für 4 Personen

4 Blatt	Gelatine
2	Schalotten
4	frische Tomaten
3 EL	Olivenöl
250 g	Tomaten aus der Dose
1 Prise	Piment
etwas	Zucker
100 g	Sahne
2 TL	Balsamessig
1 kleines Bund	Rucola
4 Stiele	Basilikum
2 EL	Pesto
	Pfeffer und Salz

Für die Mousse Gelatine in kaltem Wasser einweichen. Schalotten schälen und fein schneiden. 2 frische Tomaten abspülen, trocken tupfen und fein würfeln. 1 EL Olivenöl erhitzen. 1 Schalotte darin anschwitzen. Dosentomaten und frische Tomaten zugeben, ca. 10 Minuten einköcheln lassen. Mit Salz, Pfeffer, Piment und Zucker abschmecken. Tomatenmasse pürieren und durch ein Sieb in eine Schüssel geben. Gelatine ausdrücken und in der heißen Masse auflösen. Tomatenmasse kalt stellen.

Die Sahne halb steif schlagen. Mit einem Schneebesen vorsichtig unter die kalte, aber noch nicht feste Tomatenmasse heben. 4 Metallringe (ca. 5–6 cm Durchmesser) auf eine Platte setzen. Tomatenmousse hineinfüllen, kalt stellen und fest werden lassen.

Inzwischen die übrigen Tomaten am Blütenansatz kreuzweise einritzen. Kurz in kochendes Wasser geben, herausnehmen, kalt abspülen und häuten. Tomaten halbieren und das Innere entfernen. Das Fruchtfleisch in ca. 0,5 cm große Würfel schneiden. Tomatenwürfel mit der übrigen Schalotte, Salz, Pfeffer, 1 Prise Zucker, Balsamessig und 2 EL Olivenöl mischen und abschmecken. Rucola putzen, waschen und trocken schütteln. Basilikum abspülen.

Die Blättchen von den Stielen zupfen. Tomatenmousse aus den Ringen lösen und in die Mitte jeweils eines Tellers setzen. Mit marinierten Tomatenwürfeln, Rucola, Pesto und Basilikumblättern anrichten.

GENERELL *ist im ganzen Buch die lapidare Rede von Pfeffer und Salz. Gemeint ist schwarzer Pfeffer. Man tut gut daran, sich mit diesem Gewürz etwas zu beschäftigen. Es macht einen Unterschied, ob man Pfeffer von irgendwoher oder aus Madagaskar oder Kambodscha verwendet.*

Kein Rezept kommt ohne Salz aus, weil unser Körper es dringend braucht, besonders, wenn man viel schwitzt. Gemeint ist immer Meersalz aus sauberen Gewässen, beispielsweise Portugal. Unser Blut enthält 82 verschiedene (oder sind es 81?) Spurenelemente. Genau in der Zusammensetzung wie das Meerwasser. Normales Speisesalz kann da überhaupt nicht mithalten. Übliches Kochsalz enthält nur Natriumchlorid und gewisse Zusatzstoffe wie Rieselhilfen.

TOMATENTATAR VON GRÜNEN TOMATEN

Für 2 Personen

4	rote Tomaten
4	grüne Tomaten (spezielle Tomatensorte)
1	Schalotte
1/2 Bund	Basilikum, grob geschnitten
1 Prise	Piment d'Espelette
2 TL	Zitronensaft
2 EL	Olivenöl
	Salz, Pfeffer, Zucker

Rote und Grüne Tomaten am Blütenansatz einritzen. Tomaten kurz in kochendes Wasser geben. Herausnehmen und häuten. Tomaten halbieren, die Kerne entfernen und auf ein Sieb geben, den Saft dabei auffangen. Tomatenfruchtfleisch fein würfeln. Schalotte schälen und ebenfalls fein würfeln. Basilikum abspülen, trocken schütteln und die Blättchen von den Stielen zupfen.

Basilikum fein schneiden. Tomaten- und Schalottenwürfel mischen, mit Salz, Pfeffer, Zucker, Piment d'Espelette, Zitronensaft und Öl mischen und ca. 30 Minuten ziehen lassen. Anschließend alles auf ein Sieb geben und abtropfen lassen. Den Fond mit dem aufgefangenen Tomatensaft ca. 5 Minuten sirupartig einkochen und abkühlen lassen. Den Sirup mit den Tomaten und dem Basilikum mischen, abschmecken und servieren.

ZUCCHINI-TOMATEN-AUFLAUF MIT OLIVEN

Für 2 Personen

4	Tomaten
3	Zucchini
2 EL	schwarze Oliven
1	Knoblauchzehe
1 Stiel	Thymian
60 ml	Gemüsebrühe
5 EL	Olivenöl
etwas	Zucker
2 Stiele	Basilikum
150 g	Crème fraîche
1–2 EL	Parmesan, gerieben
1 Msp.	abgeriebene Schale von 1 unbehandelten Zitrone
	Meersalz
	schwarzer Pfeffer aus der Mühle

Backofen auf 200 Grad Ober- und Unterhitze vorheizen. Tomaten und Zucchini waschen, trocken reiben und in ca. 1 cm dicke Scheiben schneiden. Oliven halbieren, entsteinen und das Fruchtfleisch fein schneiden. Knoblauchzehe schälen und fein würfeln.

Eine Auflaufform mit Olivenöl einfetten. Zucchini- und Tomatenscheiben abwechselnd in die Form schichten. Mit Salz und Pfeffer würzen. Thymian abspülen, trocken schütteln. Blättchen von den Stielen zupfen und hacken.

Mit Oliven und Knoblauch über das Gemüse streuen. Brühe, Olivenöl, Salz, Pfeffer und 1 Prise Zucker verrühren. Über das Gemüse geben. Mit Alufolie abdecken und zunächst abgedeckt 20 Minuten garen. Folie entfernen und weitere ca. 10 Minuten offen garen. Basilikum abspülen, trocken schütteln. Blättchen abzupfen und fein schneiden. Crème fraîche und Parmesan verrühren.

Basilikum untermischen. Mit Salz, Pfeffer und Zitronenschale würzen. Zucchini-Tomaten-Gratin herausnehmen, mit dem Dip servieren. Dazu schmeckt Fladenbrot.

Chili-Coronabohnen

Für 2 Personen

2	Tassen weiße Bohnen (Saubohnen)
1	Schalotte, fein gewürfelt
1	Knoblauchzehe, fein gewürfelt
2 EL	Olivenöl
1 Liter	Gemüsebrühe
1	Staudensellerie, gewürfelt
1 Zweig	Rosmarin
1	Peperoni, fein gewürfelt
1	rote Gemüsepaprika
1 Bund	Petersilie
	grober Pfeffer, Salz

Bohnen über Nacht in fünfmal so viel Wasser einweichen.

Ich sage das mit Nachdruck. Man nimmt lieber einen Rieseneimer Wasser mit einigen Bohnen auf dem Grund als eine Schüssel, in der am anderen Morgen die Bohnen trocken liegen. Alle Welt meint, mit Hitze und Vollgas kriegt man die Bohnen auch kurzfristig weich. Das stimmt, aber sie platzen und vermatschen.

Schalotten und Knoblauch in Olivenöl anschwitzen. Die eingeweichten Bohnen dazugeben und mit Gemüsebrühe auffüllen. Eine Stunde mit geschlossenem Deckel langsam kochen oder im Ofen bei 180 Grad garen. Die Bohnen muss man immer wieder mal probieren. Werden sie weich, dann den Staudensellerie, den Rosmarin und die fein gewürfelte Peperoni (Hartgesottene nehmen kleine Chili) und die Paprika zugeben. Nochmals zehn Minuten durchkochen. Petersilie dran.

Falls noch Brühe im Topf ist, den Deckel abnehmen und bei kräftigem Feuer reduzieren lassen.

Die gegarten Bohnen nochmals mit einem Esslöffel Olivenöl, Pfeffer und Salz abschmecken.

Die Bohnen in der Mitte des Tellers anrichten und mit Peperonata umlegen. Dafür Rezept siehe nächste Seite.

Ganz klar, frisch gekocht ist immer am besten. Dies stimmt, aber es gibt Ausnahmen. Dicke Bohnen werden in Wasser eine Stunde gekocht. Findet das in einer Dose statt, kann man eigentlich nichts dagegen haben. In der Tat sind die großen Coronabohnen aus der Dose fast besser als frisch gekocht. Allerdings, gute Dosenware ist ziemlich selten. Warum das so ist, weiß ich nicht. Mittlerweile kaufe ich sie gelegentlich im Internet, da der Großhandel oft nicht liefern kann, hinzu kommt, dass dicke Bohnen relativ billig sind.

BOHN' & HÜLSE

Niemand in Frankreich oder Italien käme auf die Idee, dicke Bohnen schnöde als Saubohnen zu bezeichnen. Man nennt sie in Frankreich „fèves" und in Italien „fave" und sie genießen nahezu Kultstatus. Also, das mit den Saubohnen ist eigentlich eine Unverschämtheit. Sind sie im Frühjahr ganz frisch und grün, dann sind sie unerreicht. Ausgewachsen und getrocknet ebenso, aber es handelt sich dann um etwas ganz anderes. Sie werden in viel Wasser über Nacht eingeweicht, und die Garzeit beträgt danach immer noch mindestens eine Stunde. Oder aber, man kann sie ohne Qualitätsverlust in Dosen kaufen. Auf meinen steht immer der Name „Gigante". Je größer die Früchte, die aussehen wie Flusskiesel, umso besser.

Der echte kochende Heimwerker geht, genauer gesagt, folgendermaßen zu Werke: Die Bohnen in fünfmal so viel Wasser über Nacht einweichen. Die Zwiebel und den Knoblauch in Olivenöl anrösten, Bohnen, Tomaten und das Mark dazu und mit der Brühe auffüllen. Mindestens eine Stunde bei geringer Energie, also langsam bei geschlossenem Deckel köcheln. Wenn alles anzubrennen droht, immer etwas Wasser oder Brühe zugeben.

Kein Salz, es genügen die Inhaltsstoffe der Brühen, egal ob Gemüse oder Fleischbrühe. Durch alle Kochbücher irrlichtert die Mär, Hülsenfrüchte dürfe man beim Kochen nicht salzen, sonst blieben sie für immer hart und garten bestenfalls sehr langsam. Bei den kochenden Supermamas in Italien sah ich jedoch, wie sie in dicker Fleischbrühe, bis hin zur leicht versalzenen Metzelsuppe, ihre Bohnen in kurzer Zeit weich kochten.

Wirklich genaue Kochzeiten kann man bei getrockneten Bohnen nicht angeben. Nach einer Stunde fischt man sich einfach ein Exemplar heraus und probiert. So nähert man sich sättigenderweise einem fantastischen Endprodukt.

Aber Achtung: Selbst in der Spitzengastronomie sind dicke Bohnen längst angekommen. Auf den Gourmet-Tellern, oft in bunter Kriegsbemalung, müssen die Bohnen natürlich einen fotogenen Eindruck machen. Also werden sie wie so vieles Gemüse al dente gekocht. Wer mit unseren Nachbarn in Frankreich, Italien und Spanien redet, wird bestätigt werden: Bohnen zu weich sind kein Problem, etwas zu hart jedoch das wahre Grauen.

Louis Armstrong ist etwas in Vergessenheit geraten, aber selbst moderne Jazzmusiker beschäftigen sich noch mit ihm. Er war ein Gigant und einer der ersten Jazztrompeter des hohen Registers. Sein Genie wurde wesentlich von seiner fürsorglichen Mutter bestimmt. Der Mann hatte, schlicht gesprochen, eine glückliche Jugend, was seine Frohnatur bis ins hohe Alter festigte. Nicht nur der Mutter verdankte er seinen Erfolg. Nein, das ständige Vertilgen von Baked Beans trieb sein Trompetenspiel ins Genialische.

Getrocknete weiße Bohnen über Nacht in reichlich Wasser einweichen. Dafür verwendet man mittelgroße Bohnen. Tomatensauce, Melasse oder brauner Zucker kommt dran. Sehr häufig wird einfach reichlich Ketchup in den Topf gekippt. Sieht alles schön matschig aus (eventuell ein bisschen Wasser dran), liegen wir richtig. Anschließend die Bohnen in eine Auflaufform betten und mit reichlich Scheiben von Bacon zudecken. Alufolie drauf und für drei bis vier Stunden in den Ofen.

EINTOPF VON DICKEN BOHNEN UND TOMATEN

Für 2 Personen

2 Tassen	dicke Bohnen
2	Zwiebeln, grob gewürfelt
1	Knoblauchzehe, gequetscht
2 EL	Tomatenmark
200 g	Tomaten, gewürfelt (evtl. 250 g Dosentomaten)
1 Zweig	Rosmarin
1 Liter	Gemüsebrühe
2 EL	Olivenöl
	Salz, grober schwarzer Pfeffer

Die Bohnen werden in sehr viel Wasser über Nacht eingeweicht. Anderntags die Bohnen in der Gemüsebrühe weich kochen. Das dauert ungefähr eine Stunde.

Die Zwiebeln und den Knoblauch in Olivenöl anrösten. Bohnen, die Tomaten und das Mark dazu und mit der Brühe auffüllen. Mindestens eine Stunde bei geringer Energie langsam kochen.

Die letzten fünf Minuten den Rosmarin, das Olivenöl und den Essig dazu geben. Mit Pfeffer würzen, eventuell auch mit Salz. Falls sich noch Brühe im Topf befindet, den Deckel abnehmen und bei kräftigem Feuer einkochen.

DICKE BOHNEN MIT GEBRATENEN OCHSENHERZTOMATEN

Für 2 Personen

1 Tasse	Saubohnen
2	Schalotten, grob gewürfelt
1	Knoblauchzehe, gequetscht
2 EL	Olivenöl
1 Liter	Gemüsebrühe
1 Zweig	Rosmarin
1 EL	Balsamicoessig
3	Ochsenherztomaten (Fleischtomaten)
	grober, schwarzer Pfeffer, Salz

Die Bohnen in fünfmal so viel Wasser über Nacht einweichen.

Die Schalotten und den Knoblauch mit einem Esslöffel Olivenöl anschwitzen, Bohnen dazu und mit der Brühe auffüllen. Eine Stunde langsam kochen, ideal wäre, bei geschlossenem Deckel im Ofen bei 180 Grad garen.

Die letzten fünf Minuten den Rosmarin, das restliche Olivenöl und den Essig dazugeben. Würzen mit Pfeffer, eventuell mit Salz. Befindet sich noch Brühe im Topf, den Deckel abnehmen und bei kräftigem Feuer reduzieren.

Die Ochsenherztomaten sind sozusagen eine Urform der Tomaten, sie sind eng verwandt mit den bei den Zapotec-Indianern heimischen Rippentomaten. Diese Tomaten haben fast keinen Saft, man kann sie in Scheiben schneiden, pfeffern, salzen und wie ein Schnitzel braten. Den Bohneneintopf richtet man auf den gebratenen

Tomatenscheiben an. Was vom Bohneneintopf übrig ist, lässt sich anderntags, nochmals mit etwas Essig und Weißwein beträufelt, als Bohnensalat sehr gut verwenden.

Auch im Winter *hat man Lust auf solch einen herzhaften Eintopf. Während ich diese Zeilen schreibe, ist es März, fast April, und in meiner Küche war sich seit Ende Oktober keine frische Tomate mehr am Start. Die Winterware ist zwar rot, kommt aber aus Treibhäusern und wuchs in Hydrokultur heran. Das ist sowieso nichts für mich. Aber auch Biotomaten, von weither importiert, schmecken nicht gut. In der kalten Jahreszeit kaufe ich mir also halb getrocknete Tomaten in Olivenöl oder sehr gute Konserven, deren Inhalt meist besser reifen konnte als die hier gehandelten Sommertomaten.*

ERBSEN NACH APICIUS

Für 4 Personen

3 EL	Lauch, fein gewürfelt
1 TL	Olivenöl
2 Tassen	enthülste, frische Erbsen
1 Zweig	grüner Koriander
1 Zweig	Dill
2 Blatt	Liebstöckel
1 Zweig	Basilikum
1/8 l	Weißwein
	Pfeffer
	eventuell Stärkemehl zum Binden

Den Lauch im Olivenöl andünsten. Die Erbsen dazugeben und ohne Deckel dünsten. Weißwein dran und immer wieder umrühren. Nach fünf Minuten sind die Erbsen fast fertig.

Nun auf großem Feuer die Flüssigkeit einkochen. Würzen mit Pfeffer und die fein gehackten Kräuter dazu. Falls gewünscht kann man mit wenig angerührtem Stärkemehl die Erbsen sämig binden.

ERBSEN FRANZÖSISCH

Für 4 Personen

300 g	Erbsen in der Schote
1	Schalotte, fein gewürfelt
1 EL	Butter
1 TL	Honig
1/8 l	Sahne
1/2	Kopfsalat
1 Msp.	Muskat
	Salz, Pfeffer

Die Erbsen ausbrechen und in Salzwasser fünf Minuten blanchieren. Schalotte mit Butter blond dünsten und den Honig dazugeben. Die Erbsen dazu, mit der Sahne ablöschen. Aufkochen und den fein geschnittenen Kopfsalat dazugeben.

Mit etwas Muskat würzen. Alles gut durchschwenken, mit Pfeffer und Salz abschmecken und anrichten.

ERBSEN-SAHNE-GEMÜSE

Für 4 Personen

1	Schalotte, fein geschnitten
1 TL	Butter
1 TL	Mehl
1/8 l	Sahne
1 Prise	Muskat
400 g	Erbsen in der Schale
	Salz, Pfeffer

Die Erbsensaison beginnt im Juni, und meist werden sie zu spät geerntet. Je größer, umso besser, das ist die deutsche Gärtnermaxime. Erntet man die Erbsen etwas früher, sind sie fast zuckrig und man nennt sie in Frankreich „petits pois".

Die Schalotten werden in der Butter angebraten, mehliert und mit Sahne aufgegossen. Mit dem Schneebesen glatt rühren. 5 Minuten durchkochen, mit Muskat würzen.

In diese Sauce gibt man die frischen Erbsen und kocht alles zusammen unter sorgsamem Umrühren 5 Minuten. Abschmecken mit etwas Salz und Pfeffer.

ERBSENPÜREE

Für 4 Personen

200 g	getrocknete grüne Erbsen
1 Liter	Gemüsebrühe
1	Zwiebel, fein gehackt
1	Knoblauchzehe, fein gehackt
1 EL	Butter
2 Zweige	Thymian
1 Msp.	Muskat
	Pfeffer und Salz
	eventuell etwas braune Butter

Ganze Erbsen werden über Nacht eingeweicht, halbe Erbsen nicht. Die Erbsen mit leichter Gemüsebrühe bedecken und weich kochen. Das kann bis zu einer Dreiviertelstunde dauern. Eventuell etwas Wasser nachgießen. Sind die Erbsen weich, mitsamt der Kochbrühe durch die „Flotte Lotte“ oder ein grobes Sieb streichen.

Den Topf säubern und darin die Zwiebel und den Knoblauch in Butter anschwitzen. Das durchgedrückte Püree mit den Zwiebeln erwärmen, Thymianblättchen dazu und mit Muskat, Pfeffer und Salz abschmecken. Will und kann man sich eine besondere Freude machen, so mischt man noch etwas braune Butter unter.

***Je dümmer die Köche**, desto schlimmer der Brei.*

(14. Jahrhundert)

WEISSES BOHNENGEMÜSE

Für 2 Personen

1 Tasse	Saubohnen, in sehr viel Wasser 24 Std. eingeweicht
1	Zwiebel, grob gewürfelt
1	Knoblauchzehe, gequetscht
3 EL	Olivenöl
1 Liter	dünne Gemüsebrühe
1 Zweig	Rosmarin
	grober, schwarzer Pfeffer, Salz

Immer wieder die gleiche Maxime, nun variiert für Leute, die klare Vorgaben lieben: Die Bohnen in fünfmal so viel Wasser über Nacht einweichen.

Die Zwiebel und den Knoblauch in Olivenöl anrösten, Bohnen dazu und mit der Brühe auffüllen. Mindestens eineinhalb Stunden bei geringer Energie langsam kochen.

Die letzten fünf Minuten Rosmarin und frisches Olivenöl dazugeben. Würzen mit Pfeffer, eventuell mit Salz. Befindet sich noch Brühe im Topf, den Deckel abnehmen und bei kräftigem Feuer einkochen.

HUMMUS

Für 2 Personen

550 g	getrocknete Kichererbsen
2 TL	Salz
6	Knoblauchzehen
1 TL	Kreuzkümmel
80 ml	Zitronensaft
1 Tasse	Tahina (Sesampaste)
3 EL	Olivenöl
	Pfeffer

Die Kichererbsen gründlich abwaschen und über Nacht in Wasser quellen lassen.

Die Kichererbsen am nächsten Tag in Salzwasser für zweieinhalb Stunden kochen lassen.

Die Kichererbsen, den Knoblauch, die Gewürze und 125 ml der Kochflüssigkeit und das Olivenöl zusammen mit dem Mixstab pürieren, den Zitronensaft und Tahina untermischen und so lange mit der Erbsenkochbrühe verdünnen, bis die Paste leicht auseinanderläuft.

EIN WORT ZU QUALITÄT UND EINKAUF

Was ich mir für den deutschen Konsumenten wünsche, daran halte ich mich auch in der eigenen Küche. Schon vor zwanzig Jahren begeisterte ich mich für die italienische Speisefolge. Das Fleisch kommt am Schluss und die Beilagen als separate Gänge davor. Leider lässt sich das in Deutschland immer noch nicht ganz realisieren. Der Deutsche hat gerne alles auf einem Teller. So spielt Gemüse die zweite Geige. Für mich gilt die Devise: weniger Fleisch und dafür mehr Aufmerksamkeit für das, was man diffamierend Beilage nennt. Nach der italienischen Anrichteweise werden die Beilagen mit der Aufmerksamkeit gekocht, dass sie als eigenständige Speisen für sich stehen und deshalb beim Kochen und Essen mit der gleichen Hingabe behandelt werden wie das Fleisch.

Wir haben uns daran gewöhnt, dass es alles zu jeder Jahreszeit gibt. Paprika und Zucchini im Winter zu kochen, daran hat man sich gewöhnt. Die Böhnchen an Weihnachten kommen aus Kenia. Nun ja, warum sollten in wärmeren Gefilden die Pflanzen nicht genauso wachsen wie in Deutschland? In der Tat gedeihen sie meist noch besser. Unbestreitbar merkt man aber den weitgereisten Lebensmitteln einen gewissen Jetlag an.

Auch die lange Lagerung von Zitronen hat dieser hochfrischen Frucht eine Muffigkeit beschert, an die man sich mittlerweile gewöhnt hat. Man besorge sich mal unbehandelte sizilianische oder amalfitanische Zitronen. Da unbehandelt, haben sie eine begrenzte Haltbarkeit, sind also nicht über Monate in einem Pappkarton gefangen, um sich mit diesem geschmacklich zu vereinen. Alles, was schneller verdirbt, wird auch schneller zum Kunden gebracht.
Lagerzeit und Transport spielen also eine große Rolle, und das sind schon

genügend Gründe, sich für Saisongemüse zu entscheiden. Der Gourmet ruft nun bleich und entsetzt: „Den ganzen Winter Sauerkraut und sonstige diverse Krautwickel?“ Stimmt, im Winter denkt man vor allem ans Kraut, was jedem irgendwann einmal zum Halse heraushängt. Schaut man sich aber auf den Wochenmärkten um, so sind die Wintergemüse bestimmt ebenso interessant wie Frühlings- und Sommergemüse. Kraut und Rüben sind ja bereits eine Metapher für jede Art von Durcheinander. Es könnte auch ein Hinweis auf Vielfalt sein.

Die Familie der Wurzeln und Rübchen und auch die des Kohls ist so zahlreich, dass man sich damit selbst als Berufskoch wochenlang beschäftigen kann. Petersilienwurzeln, Pastinaken, Gelbe Rübchen, alte Karottensorten, die fast rot sind, Mairübchen in allen Farben, Sellerie, Knollenziest, die Liste kann fast unbegrenzt weitergeführt werden. Mit den Kohlsorten ist es ähnlich. Auf asiatischen Speisezetteln ist Kohl die Nummer eins und die unterschiedlichen Kohlgemüse sind so zahlreich, dass ich das hier gar nicht länger abhandeln kann.

Es stellt sich wirklich die Frage, wie man dabei die Übersicht behält. Als Berufskoch läuft man nur für Fotografen mit dem Körbchen über den Wochenmarkt. Die Bestellung wird per Telefon erledigt. So verliert man natürlich vollends den Überblick über das heimische Angebot. Ich habe es mir deshalb zur Angewohnheit gemacht, und da sei meine mittlerweile „senile Bettflucht“ gepriesen, frühmorgens über den Stuttgarter Wochenmarkt zu geistern. Dort schaue ich mir alles an und kaufe fast nichts, weil ich zu faul zum Schleppen bin. Zu Hause weiß ich, was bei den schwäbischen Gärtnern gerade reif ist, was in den Gärten los ist. Ich weiß, *was gerade preiswert ist und Hochsaison hat. Mit diesem Wissen kann ich mit meinem Großmarkthändler kompetent verhandeln und meine Order aufgeben.*

Mit einem Restaurant ist es ja wie mit einem guten Haushalt: Man hat Stammkundschaft und diese besteht auf Abwechslung. Auf den Tellern meines Restaurants findet diese mehr bei den Gemüsen als bei allen anderen Produkten statt.

SCHALOTTEN UND ZWIEBELN

Ziegelsteinschweres Vollkornbrot, Erbswurst, Corned Beef und ganz besonders die Zwiebel galten beim Militär als Basistreibstoff des Angriffs. Alexander der Große brachte die würzigen Knollen aus Ägypten ins heimische Griechenland. Es ist allerdings nicht erwiesen, ob seine Siege mit oder ohne Zwiebelpower errungen wurden.

Einige seriöse Chronisten der Antike unterstellen der Zwiebel eine kampflustfördernde Wirkung. Griechische Soldaten wurden vor jedem Kampf ordentlich gezwiebelt. Als Xenophon ein Gastmahl für seinen Lehrer Sokrates gab, äußerte Sokrates sich ungehalten: „Man füttert Kampfhähne mit Knoblauch. Man gibt Soldaten vor der Schlacht Zwiebeln zu fressen. Aber, mein lieber Xenophon, wir sind doch keine Raufbolde. Also weg mit dieser mir so odiosen Stinkpflanze!"

Römische Gourmets beispielsweise neigten zur gleichen Ansicht wie Sokrates. Nur beiläufig wird dieses Küchengemüse von Apicius, dem römischen Gastrosophen, in einem Rezept für eine Gemüse- und Kräutersuppe erwähnt, die ungefähr der heutigen Suppe mit Gemüsestreifen (Juliennes) entspricht. In einem Spottgedicht des römischen Satirikers Persius vernimmt man die vernichtenden Verse:

„Für seine Mahlzeit wollte er nichts zahlen.
Er war ein Geizhals, fraß nur Hirsebrei
und aß mit Salz bestreute Zwiebelschalen,
als ob er nur ein armer Schlucker sei."

Umgekehrt wurde diesem Gewächs im Orient fast schon göttliche Ehre erwiesen. Beim Auszug der Israeliten aus Ägypten waren selbstverständlich Steckzwiebeln im Gepäck.

In Kanaan, insbesondere in der Gegend um Askalon, wurden sie in die Erde gesteckt und diese Minizwiebeln nach ihrem Pflanzort Ascalonitae genannt. Reichlich später eroberten die Kreuzritter Askalon, die Hafenstadt westlich von Jerusalem. Einige Rittersleut, die unter Richard Löwenherz gedient hatten, waren vom Geschmack der Zwiebeln fasziniert und steckten sich diese Ascalotten ins Gepäck. Die länglichen Zwiebelchen, für die Abendländer ein Produkt der Ungläubigen, mussten jedoch unbedingt christlich getauft werden. Also einigte man sich auf den Namen Schalotten. In Frankreich, sehr nahe am Wort Ascalotten, nennt man sie „échalottes".

Heute ist diese Art von Zwiebel endlich voll anerkannt. Man schätzt sie als Gewürz und als Gemüse. Leider steht die Schalotte, wenigstens im Deutschen, noch immer am bitteren Ende des kulinarischen Alphabets. Das hat, wie in Deutschland üblich, mit dem Preis zu tun. Das ist ein Schicksal, das sie gewiss nicht verdient hat, und deshalb folgt nun eine „Pariser Zwiebelsuppe", nicht aber als Pamps, wie ich das oft in Paris erlebt habe.

Die hundsgemeine Zwiebel ist aber auch nicht zu unterschätzen, man denke an ein herzhaftes Gulasch, das genauso viel Zwiebeln wie Fleisch enthalten sollte.

Der geneigte Leser wird sich nun fragen, wie es denn dabei mit der Flatulenz bestellt ist. Ich habe festgestellt, dass Biozwiebeln längst nicht so viele innere Winde erzeugen.

Im späten Sommer übrigens sollte man nach drei Zwiebelsorten Ausschau halten: Zwiebeln, die man im Ganzen garen und verspeisen kann. Meine Lieblingssorte wären die Tropea-Zwiebel aus Italien, dann auch die Roscoff-Zwiebeln der Bretagne. Beide Sorten sind ungemein süß und in Vierteln geschnitten und in Milch gegart eine Wohltat für Gemüt und Eingeweide. Zum Schluss sei noch erwähnt, dass die sogenannten Böllen, eine erstklassige Sorte vom Bodensee, mit den beiden ausländischen Superzwiebeln gut mithalten können.

Man kann sich kaum etwas Lieblicheres,
Anreizenderes und Gewürzhafteres denken.

Friedrich Christian Eugen von Vaerst, 1851

Und Vincent Klink meint abschließend: „Mag die Zwiebel dem armen Leser bei der Hervorbringung der Tränen helfen, die er nach beendigter Lektüre dieses Buches weinen muss. Howgh."

GEFÜLLTE BÖLLEN

* Böllen sind milde, süße Superzwiebeln von der Halbinsel Höri am Bodensee.

Für 4 Personen

8	mittelgroße Zwiebeln
500 ml	Gemüsebrühe
100 g	Brot, vom Vortag
125 ml	Milch
1/2 Bund	Petersilie
1	Ei
2 EL	Butter
	Salz, schwarzer Pfeffer aus der Mühle

Die Zwiebeln schälen und in einen Topf setzen. Gemüsebrühe zugeben und ca. 15 Minuten fast weich kochen. In der Zwischenzeit das Brot fein würfeln und die Milch erhitzen. Brotwürfelchen mit heißer Milch übergießen und quellen lassen. Die gegarten Zwiebeln aus dem Topf heben und abkühlen. Die Brühe beiseitestellen. Das obere Drittel der Zwiebeln abschneiden. Den unteren Teil der Zwiebeln mit einem Messer oder Löffel aushöhlen. Das ausgehöhlte Zwiebelfleisch fein hacken. Petersilie abspülen, trocken schütteln und ebenfalls fein hacken. Das eingeweichte Brot gut ausdrücken. Mit den fein gehackten Zwiebeln, Ei und der Petersilie gut vermischen. Mit Salz und Pfeffer würzen.

Die ausgehöhlten Zwiebeln mit der Brotmasse füllen. Backofen auf 200 Grad vorheizen. Eine Auflaufform mit 1 EL Butter einfetten. Die gefüllten Zwiebeln hineinstellen. Übrige Butter in Flöckchen darauf verteilen. 125 ml Gemüsebrühe angießen und im vorgeheizten Backofen auf der mittleren Schiene ca. 30 Minuten backen.

KLASSISCHE ZWIEBELSUPPE MIT KÄSE ÜBERBACKEN

Für 2 Personen

200 g	Zwiebeln
100 g	Gruyère (Greyerzer)
2 Stiele	glatte Petersilie
50 g	Butter
1	Lorbeerblatt
1 Zweig	Thymian
150 ml	trockener Weißwein
400 ml	Gemüsebrühe
1–2 EL	Madeira
	Salz, weißer Pfeffer aus der Mühle
2 Scheiben	Weißbrot (franz. Stangenweißbrot, Baguette)

Zwiebeln schälen und in dünne Scheiben schneiden. Käse reiben. Petersilie abspülen, trocken schütteln. Von 1 Stiel Petersilie die Blättchen abzupfen, die Blättchen fein hacken und beiseitestellen. Zwiebeln in einer großen Pfanne mit Butter anbraten. Lorbeerblatt, übrigen Petersilienstiel und Thymian zugeben. Mit Weißwein ablöschen. Brühe zugeben und ca. 30 Minuten köcheln lassen. Danach die Kräuter herausnehmen. Mit Madeira, Salz und Pfeffer abschmecken. Die Brotscheiben im Backofen (bei ca. 180 Grad) oder Toaster knusprig rösten. Darauf den geriebenen Käse streuen.

Die Zwiebelsuppe klassisch in Löwenkopfterrinen oder andere ofenfeste Schalen füllen. Die mit Käse bestreuten Brotscheiben darauflegen. Unter dem heißen Backofengrill überbacken, bis der Käse goldbraun ist. Gehackte Petersilie darüberstreuen und servieren.

OFENZWIEBEL

Für 2 Personen

4	junge, kleine Zwiebeln
2–4 EL	Olivenöl
	Salz
	schwarzer Pfeffer aus der Mühle

Den Backofen auf 200 Grad Ober- und Unterhitze vorheizen. Von den Zwiebeln nur die lockere Schale entfernen, jedoch die Zwiebeln an sich nicht schälen.

Die Zwiebeln auf ein Backblech oder in eine Auflaufform geben und im vorgeheizten Ofen ca. 45 Minuten (bis zu 1 Stunde) weich garen. Die Zwiebeln ab und zu mit Olivenöl einpinseln. Dann aus dem Ofen nehmen und leicht abkühlen lassen. Den Zwiebeln die Wurzel großzügig abschneiden. Durch dieses Loch das Innere aus der Schale drücken. Pfeffern und salzen. Dazu passen geröstete Brotscheiben mit etwas Bergkäse oder Parmesan.

TIPP:

Garprobe: mit einer Stricknadel (o. Ä.) prüfen und in die Zwiebel stechen. Die Zwiebeln sind gar, wenn sich das Fleisch weich anfühlt.
Beim Herausnehmen aus dem Ofen die Zwiebeln mit einem Tuch an der Unter- bzw. Wurzelseite packen und fest zudrücken. Nun müsste sich das Fruchtfleisch herausdrücken lassen. Man kann aber auch mit einem scharfen Messer die Zwiebeln halbieren und auslöffeln. Wichtig wäre, dass sie wirklich ganz weich sind, lieber fast matschig als zu fest.

ROTE ZWIEBELMARMELADE

Für 4 Personen

600 g	rote Zwiebeln
2 Stiele	Thymian
50 g	Butter
2 EL	Honig
200 ml	Rotwein
50 ml	Cassis-Likör
1-2	zerstoßene Pimentkörner
etwas	gemahlene Gewürznelke
	Salz, schwarzer Pfeffer aus der Mühle

Für die Zwiebelmarmelade die Zwiebeln schälen, halbieren und in hauchdünne Scheiben schneiden. Thymianblättchen abspülen, trocken schütteln, die Blättchen abzupfen und fein schneiden. Butter und Honig in einem Topf erhitzen. Zwiebeln zugeben und kurz anbraten. Mit Rotwein und Cassis ablöschen, den Thymian dran und aufkochen. Piment und Nelke zufügen.

Mit Salz und Pfeffer würzen. Alles ohne Deckel bei mittlerer Hitze ca. 20 Minuten zu einer sämigen, marmeladenartigen Konsistenz einkochen. Zwiebelmarmelade abschmecken. Warm oder kalt genießen.

Passt warm toll zu Kartoffelpüree oder Linsensuppe. Kalt eine prima Beilage zu Käse.

SÜSS-SAURE FRÜHLINGSZWIEBELN

Für 4 Personen

2 Bund	Frühlingszwiebeln
2 EL	Butter
4 EL	brauner Zucker
100 ml	Weißwein
50 ml	kräftige Gemüsebrühe
1-2 TL	Zitronenmarmelade
	Saft und abgeriebene Schale von 1/2 Zitrone
	Salz, schwarzer Pfeffer

Frühlingszwiebeln putzen, waschen und in fingerlange Stücke schneiden. Butter in einer großen Pfanne erhitzen. Zucker darin karamellisieren lassen.

Zwiebeln zugeben und darin anbraten. Mit Wein ablöschen und einköcheln lassen. Brühe, Zitronensaft und -schale zugeben. Mit Salz, Pfeffer und Zitronenmarmelade würzen.

Etwa 7–10 Minuten knackig dünsten. Abschmecken und warm zu Pasta oder kalt als Antipasti mit Baguette reichen.

Liebe Leser,
sollten Sie wegen dieses Rezepts von aller Welt gelobt werden, dann antworten Sie am besten ganz lapidar: „Loben Sie mich ruhig, Sie sagen mir aber nichts Neues.“

ZWIEBELKOMPOTT AUF KARTOFFELCREME

Für 2 Personen

Für den Zwiebelsud

2	weiße Zwiebeln
1 Stiel	Thymian
1	Lorbeerblatt
2 EL	Zucker
300 ml	Apfelessig
1 Prise	Paprikapulver, edelsüß
4 weiße	Pfefferkörner
2	Wacholderbeeren
1 Prise	Raz el Hanout
800 ml	Gemüsefond
	Pfeffer, Salz, Olivenöl

Zwiebelkompott

4 weiße	Zwiebeln
2 Stiele	Thymian
	Pfeffer, Salz, Olivenöl

Kartoffelcreme

200 g	Kartoffeln
etwas	Salz
100 ml	Milch
25 g	braune Butter
etwas	Muskat
2 EL	geschlagene Sahne
1 Stiel	Thymian

Für den Zwiebelsud die Zwiebeln schälen und in feine Streifen schneiden. In einem Topf 3 EL Olivenöl erhitzen. Zwiebeln, Thymian und das Lorbeerblatt bei kleiner Hitze etwa 1 Stunde weich schmoren.

In einer Pfanne den Zucker karamellisieren, mit Apfelessig ablöschen. Paprikapulver, Pfefferkörner, Wacholder und Raz el Hanout dazugeben und alles auf etwa 7 EL sirupartig einkochen.

4 EL von dem Sirup für das Zwiebelkompott beiseitestellen. Übrigen Sud mit dem Gemüsefond auffüllen und auf ca. 500 ml einkochen. Den Sud durch ein Sieb auf die weichen Zwiebeln geben und ziehen lassen. Alles pürieren und erneut durch ein feines Sieb streichen. Zuletzt 4 EL Olivenöl auf die pürierten Zwiebeln geben. Mit Salz und Pfeffer abschmecken.

Für das Zwiebelkompott Backofen auf 180 Grad vorheizen. Die Zwiebeln mit je 1/2 Stiel Thymian und je 2 EL Olivenöl auf jeweils ein Stück Alufolie geben und verschließen. Die Zwiebelpäckchen auf ein Backblech geben und ca. 1 Stunde weich schmoren. Die Päckchen herausnehmen, öffnen und kurz abkühlen lassen. Die Zwiebelschalen entfernen, Die Zwiebeln in feine Scheiben schneiden. In einer Sauteuse 2 EL Olivenöl erhitzen, Zwiebeln zugeben und goldgelb schmoren.

Zurückbehaltene 3 EL Essigsirup zugeben. Mit Salz und Pfeffer abschmecken. Für die Kartoffelcreme Kartoffeln schälen und in

Salzwasser weich kochen. Kartoffeln durch eine Presse drücken oder durch ein feines Sieb streichen. Kartoffelpüree mit Milch und brauner Butter aufkochen. Mit Salz und Muskat abschmecken. Die Sahne unterheben. Zwiebelkompott und Kartoffelcreme in ein Glas schichten. Thymianblättchen vom Stiel zupfen und fein schneiden. Über das Kompott streuen. Den heißen Zwiebelsud darübergeben und servieren.

TIPP:

Bei Raz el Hanout handelt es sich um eine marokkanische Gewürzmischung, die zwischen Kreuzkümmel, Zimt und Piment angesiedelt ist. Es gibt viele Varianten, die bis zu 20 Gewürze und Kräuter enthalten.

Unter anderem enthält die echte Mischung einige Spanische Fliegen. Das ist ein länglicher, ca. 1,5 Zentimeter langer und fluoreszierend schillernder Käfer mit Flügeln. Das getrocknete Insekt gilt als Potenzmittel. Ich habe mir mal solche Viecher besorgt. In einem schönen Glas lagerten vielleicht hundert Tiere so lange, bis mir jemand sagte, dass die Tiere giftig seien und 0,03 Gramm bereits tödlich wirken. Ich habe die schillernden Tierchen, die sowieso lästig müffelig rochen, dann weggekippt. Also, wer sich aus Marokko eine Raz el Hanout mitbringt, wird die Spanische Fliege, die aussieht wie ein sehr schlanker grünschillernder Maikäfer, kaum vorfinden. Öfters sah ich jedoch schon getrocknete grünglänzende Fleischfliegen drin. Igitt!

ZWIEBELTÄSCHCHEN MIT TOMATENRAGOUT

Für 2 Personen

2	Lauchzwiebeln
2	weiße Zwiebeln
20 g	Butter
150 ml	Gemüsebrühe
50 ml	Weißwein
	Salz, Pfeffer und Raz el Hanout
80 g	Bergkäse, gerieben
200 g	frischer Butter-Blätterteig
	etwas Mehl
1	Eigelb
2 EL	Milch
6	Tomaten
2 kleine	Schalotten
2 EL	Olivenöl
1/2 TL	Zucker
2 EL	Balsamessig
1/2 Bund	Basilikum

Lauchzwiebeln putzen und fein hacken. Weiße Zwiebeln schälen und ebenfalls fein hacken. Butter in einer Pfanne erhitzen. Zwiebeln und Lauchzwiebeln darin anbraten. Brühe und Wein zugeben. Mit Salz, Pfeffer und Raz el Hanout würzen. Alles schmoren, bis die Flüssigkeit fast verkocht ist. Die Pfanne vom Herd ziehen, den Käse untermischen und abschmecken.

Blätterteig auf einer leicht bemehlten Arbeitsfläche zu einem Quadrat von etwa 40 x 40 cm ausrollen. Das Quadrat in 6 gleich große Teile schneiden. Eigelb mit etwas Milch verquirlen. Auf jedes Teigstück, mittig, etwas Zwiebelmasse geben, die Ränder mit verquirltem Eigelb bestreichen und zu Dreiecken zusammenklappen. Die Ränder fest andrücken. Backofen auf 180 Grad vorheizen. Die Zwiebeltaschen auf ein mit Backpapier belegtes Blech legen und mit dem restlichen Eigelb bestreichen.

Die Täschchen im Backofen ca. 15 Minuten goldbraun backen. Für das Tomatenragout Tomaten waschen, am Blütenansatz einritzen und etwa 1 Minute in kochendes Wasser tauchen. Tomaten herausnehmen, abtropfen lassen und häuten. Tomaten halbieren und würfeln. Die Schalotten schälen, halbieren und in dünne Scheiben schneiden. Olivenöl in einem Topf erhitzen.

Zwiebeln darin andünsten. Tomaten zugeben. Mit Salz, Pfeffer und Zucker würzen und zu einem dicklichen Ragout einkochen lassen. Mit Balsamessig abschmecken. Basilikum abspülen, trocken schütteln und die Blättchen von den Stielen zupfen. Die Blättchen fein schneiden und vor dem Servieren mit den Tomaten mischen. Zwiebeltäschchen herausnehmen und mit dem Tomatenragout anrichten.

TROPEA-OFENZWIEBELN

Für 2 Personen

4	kleine, junge Zwiebeln
1 EL	Olivenöl
	Pfeffer, Salz

Am besten sind die zu Zöpfen geflochtenen Zwiebeln im beginnenden Herbst. Tropea-Zwiebeln kommen, wie der Name sagt, aus der Ortschaft Tropea, ungefähr eine Stunde nördlich der Meerenge nach Sizilien.

Die rote Zwiebel aus Tropea ist weltweit als die süßeste Zwiebel bekannt. Sie ist besonders mild und bekömmlich, leichter zu verdauen als andere Zwiebelsorten und sorgt für weniger „Ausdünstungen". Beim Schneiden treibt sie die Tränen nicht zu sehr in die Augen.

Sie hat eine dunkelrote Farbe und ist bis zu zwölf Zentimeter lang. Die echten Tropeazwiebeln sind nie billig und außerdem durch die EU als Marke geschützt.

Die Zwiebeln sollten jung sein und ungefähr den Durchmesser eines Tischtennisballs haben. Die Zwiebeln nicht schälen, nur die lockere Schale entfernen. Die Zwiebeln für 45 Minuten auf einem Blech in den Ofen geben. Ab und an mit etwas Olivenöl einpinseln.

Mit einer Stricknadel (o. Ä.) einstechen: lässt sie sich leicht einstechen und herausziehen, dann ist die Zwiebel fertig. Aus dem Ofen nehmen und etwas abkühlen lassen. Die Wurzel dünn abschneiden.

Die Zwiebeln mit einem Tuch an der Strohseite packen und fest zudrücken. Nun müsste sich das Fruchtfleisch herausdrücken lassen. Man kann aber auch mit einem scharfen Messer die Zwiebeln halbieren und auslöffeln. Wichtig wäre, dass sie wirklich ganz weich sind, lieber fast matschig als zu fest.

Große Zwiebeln können bis zu eineinhalb Stunden benötigen.

Für 4 Personen

Clairefontaine von Tomaten und Mango

Tomaten schälen, halbieren und die Kerne entfernen. Die Tomatenteile kräftig zuckern und über Nacht im Kühlschrank Saft ziehen lassen.

6	reife Fleischtomaten
1/4 l	Apfelsaft
1	Vanilleschote
2 cl	Grenadinesirup
1	Mango, geschält entkernt und zermixt
	Zucker nach Belieben
10 Blatt	Gelatine, etwas Zitronensaft

Die Tomatenhälften in 1/2 cm große Würfel schneiden.
Apfelsaft, ausgekratzte Vanilleschote, Grenadine und Mangostückchen aufkochen und eventuell mit etwas Zucker nachschmecken. Die Hälfte des Pürees zur Seite stellen.

Gelatine in kaltem Wasser einweichen (5 Min.) und der anderen Hälfte des warmen Pürees zugeben, warm, weil sich sonst die Gelatine nicht auflöst. Leicht abkühlen lassen und Tomatenwürfel mit Gelee in Kaffeetassen einsetzen. Kühl gestellt über Nacht fest werden lassen. Die eine Hälfte des Mango-Apfelsaft-Pürees haben wir noch übrig. Mit Apfelsaft so weit verdünnen, dass man sie als Sauce verwenden kann. Die Clairefontaines auf dieser Sauce anrichten.

LÖWENZAHNGEMÜSE

Für 2 Personen

300 g	Löwenzahn
2	Schalotten, fein gehackt
1	Knoblauchzehe, gequetscht
1/4 l	Sahne
1 EL	Butter
1 EL	Mehl
1 TL	Gemüsebrühenpulver
	Pfeffer, Salz, Muskat

Den Löwenzahn waschen und in kochendem Salzwasser kurz blanchieren (aufkochen). Mit kaltem Wasser abschrecken und in einem Sieb möglichst gut abtropfen.

Schalotten und Knoblauch in Butter andünsten, mehlieren und mit der Sahne auffüllen. Mit Gemüsebrühenpulver, Pfeffer, Salz und Muskat würzen. Diese Sauce sollte fünf Minuten durchkochen und dicklich sämig sein.

In einer Pfanne den Löwenzahn mit Butter anschwitzen und mit der Sauce abbinden.

BRENNNESSELGEMÜSE

Für 2 Personen

300 g	junge Brennnesseln, entstielt
2 EL	Butter
1	Schalotte, fein gehackt
1	Knoblauchzehe, gequetscht
1 TL	Mehl
1/8 l	Sahne
1/8 l	Bio-Gemüsebrühe
	Meersalz, Pfeffer, Muskat

Die Brennnesseln gut waschen und in einem Tuch trocken schleudern. Mit etwas Butter in einer Pfanne zusammenfallen lassen. Auf ein Sieb geben und gut ausdrücken. Grob hacken und warm stellen. Die Schalotte in Butter mit Knoblauch anschwitzen. Mit Mehl bestäuben und die Sahne darunterrühren. Gemüsebrühe darin lösen, mit Muskat, Salz und Pfeffer würzen und den Spinat untermischen.

Aus Brennnesseln können ziemlich widerstandsfähige Fasern hergestellt werden. Deshalb sind große Brennnesseln auch nicht mit Eisenzähnen zu zerkleinern. Brennnesseln müssen wirklich jung gerntet werden.

Hat der Brennnesseljäger das Frühjahr jedoch verpasst und irrt durch hüfthohes Kraut, so nimmt man eine Sense und säbelt das alte Zeug ab. Nicht lange, und junge Blättlein werden sprießen. Im Grunde kann man sich so das ganze Jahr über die wertvollen Inhaltsstoffe dieser wirklich reichhaltigen Pflanze sichern.

FRÖSCHLE VON MANGOLD MIT PASTINAKENMUS GEFÜLLT

Für 2 Personen

2	Pastinaken
1/2 l	Gemüsebrühe
1/8 l	Sahne
2	Eigelbe
1/2 Sträußchen	Thymian
1	Brötchen, fein gerieben
1	Mangoldpflanze
	Butter für die Pfanne
1	Zwiebel, fein gehackt
4 EL	geriebener Parmesan
	Meersalz, Pfeffer, Muskat

Die Zwiebel in Butter andünsten. Die Pastinaken schälen, in kleine Würfelchen schneiden und zu den Zwiebeln geben. Mit Gemüsebrühe auffüllen und alles weich kochen. Die Würfelchen absieben und die Brühe für spätere Suppen aufbewahren. Die gekochten Würfel mit der Sahne aufkochen, Parmesan dazu und gut reduzieren lassen. Im Cutter mixen, Eigelb, Kräuter und Gewürze daruntermischen und mit den Bröseln andicken.

Mangoldblätter in Salzwasser al dente weich kochen, so dass sie sich gut biegen lassen. Ein Mangoldblatt nehmen und einen Esslöffel Pastinakenfülle in die Mitte setzen. Mit den anderen Blättern genauso verfahren und sie nebeneinander in eine gebutterte Pfanne setzen. Langsam braten, am besten mit geschlossenem Deckel. Nach drei Minuten umdrehen und auf der anderen Seite dieselbe Zeit braten. Dazu passt sehr gut eine Sauce hollandaise.

MANGOLDGEMÜSE

Für 2 Personen

2 Büschel	Mangold, eventuell verschiedenfarbig
3	Lauchzwiebeln
1 EL	Butter
1/8 l	Gemüsebrühe
1/8 l	Sahne
1 Msp.	Ingwerpulver
	Muskat, Salz, Pfeffer

Die Blätter des Mangolds von den Strünken trennen. Die Blätter bleiben ganz, die Strünke werden quer zum Stiel in 2 cm breite Stücke geschnitten.

Lauchzwiebeln fein schneiden und mit den Mangoldstrünken in Butter andünsten. Die Brühe dazugeben und bei geschlossenem Deckel 15 Minuten garen. Nun die Blätter, die Sahne und die Gewürze dazu und bei großem Feuer unter ständigem Rühren die Sahne einkochen. Ist alles sämig, sind auch die Blätter weich.
Abschmecken mit Pfeffer und Salz.

Mangold, ein anderes Wort wäre Krautstiel, und bei letzterem Wort kommt mir in den Sinn, wie wenig chic die deutsche Sprache mit Lebensmitteln umgeht. Der Italiener sagt Bietola. In Italien habe ich auch vor zig Jahren zum ersten Mal Mangold gegessen, und wer durch diese Lande reist, wird allerorten Bietola auf dem Teller vorfinden.
Deutschland, durch zwei Weltkriege aus fetter Ackerfurche geworfen, hatte seit diesen schmalen Zeiten einen Horror vor Rüben. Da Mangold irgendwie „rübig“ schmeckt, hatte dieses Gemüse erst in den letzten

Jahren einen sanften Start in die Popularität. Sehr hilfreich und die Popularität fördernd sind dabei die farbigen Neuzüchtungen in strahlendem Gelb oder Rot.

Grob gesagt: Mit Mangold kann man all das anstellen, was mit Spinat möglich ist, nur ist die Garzeit des zarten Spinats etwas kurzer als beim Mangold. Auch sollte man beim Garen Stiele und Blätter trennen.

Also zuerst die Stiele in Stücke schneiden und dünsten und erst wenn diese einigermaßen weich sind, kommen die Blätter dazu. Nach drei Minuten dürfte alles gut zu essen sein. Mit starker Würzung hält man sich, wie bei Spinat, besser ein wenig zurück.

GERÖSTETES GEMÜSE MIT SOJASAUCE

Für 2 Personen

2	große Karotten
1	große Petersilienwurzel, der Länge nach geachtelt
2 Stangen	Bleichsellerie
2	längliche Paprikaschoten, mild
1	Zucchini
3	Lauchzwiebeln
1	Schalotte, fein gehackt
1/2	Knoblauchzehe, fein gehackt
2 TL	Sesamöl
	geschroteter, schwarzer Pfeffer
1/8 l	Wasser
2 EL	Sojasauce aus dem Bioladen
	Algenbrühe zum Abschmecken
1 EL	Butter

Gemüse in haselnussgroße Würfel schneiden und in Sesamöl anbraten. Dabei mit dem härtesten Gemüse, den Karotten und der Petersilienwurzel, beginnen.

Nach ca. 1 Minute Bleichsellerie, Paprika und Zucchini dazugeben und weitere drei Minuten braten.

Zum Schluss die längs halbierten Lauchzwiebeln, die Schalotten und den Knoblauch zugeben, das Gemüse mit Pfeffer würzen und ca. 5 Minuten bräunen lassen, dann auf höchste Hitze stellen und kräftig anbraten, herausnehmen und warm stellen. Bratensatz mit Wasser und Sojasauce ablöschen. Die Flüssigkeit um die Hälfte einkochen. Das Gemüse wieder dazugeben, aufkochen, mit Algenbrühe abschmecken und mit Butter abbinden.

Apropos Algenbrühe:

Man kauft sich Kombu-Algen und gibt ca. drei Platten auf einen Liter Brühe. Man kocht sie über Stunden bei kleiner Hitze langsam aus. Diese konzentrierte Brühe schmeckt fast wie Fleischbrühe, was letztlich von dem natürlichen Glutamat herrührt, das in den Algen enthalten ist.

Sojasauce *ist ein wirklich ehrwürdiges japanisches und chinesisches Kulturgut. Die Herstellung, enorm aufwendig und langsam fermentierend, möglichst an Meeresluft, kann nicht billig sein. Für ein wirklich erstklassiges Produkt, das handwerklich erzeugt wurde, kann ich leider keine Empfehlung geben. Dafür bin ich zu wenig Spezialist. Also greife ich immer zu einer Bio-Sojasauce und bin eigentlich nicht ganz glücklich, weil ich tatsächlich nicht weiß, wie eigentlich wirkliche Spitzenqualität schmeckt.*

GEMÜSE-TORTILLA

Für 2 Personen

3	Kartoffeln
4 EL	Olivenöl
1	Karotte
1/2	Kohlrabi
1/2	Fenchelknolle
1	Zwiebel
80 g	Erbsen (frisch oder TK)
3	Eier
	Salz, Pfeffer, Muskat

Die Kartoffeln schälen und in Scheiben hobeln. In einer Pfanne mit Olivenöl ca. 10 Minuten bei mittlerer Hitze mit Deckel braten.
In der Zwischenzeit Karotte und Kohlrabi waschen, schälen. Fenchel putzen und abspülen. Alles in feine Scheiben schneiden. Die Zwiebel schälen und fein hobeln. Alles zu den Kartoffeln geben und zugedeckt weitere 5 Minuten braten. Dann die Erbsen untermischen und noch ca. 5 Minuten braten.

Die Eier verquirlen und mit Salz, Pfeffer und Muskat abschmecken. Über die Kartoffeln gießen und stocken lassen. Dann wenden und auch von der anderen Seite goldbraun braten.

Die Tortilla wie einen Kuchen aufschneiden. Dazu passt ein Kräuterquark-Dip.

GERÖSTETE MAISKOLBEN

Für 2 Personen

2	Maiskolben
	Salz und Zucker für das Kochwasser
1 EL	Zucker
1 Msp.	grober Cayennepfeffer
1 EL	Olivenöl

Maiskolben in leicht gesalzenem und gezuckertem Wasser 10 Minuten im geschlossenen Topf kochen, abtrocknen, mit Zucker und leicht mit grobem Cayennepfeffer bestreuen, in drei cm lange Stücke schneiden und in Olivenöl rundum braun anbraten.

Es soll Leute geben, die mögen Maiskolben. Außerdem rufe ich mich zur Demut, denn über dreihundert Millionen Amerikaner können nicht irren. Oder doch? Egal, wie auch immer, man kann mit diesen Kolben sehr viel anstellen, und in Mexiko wird nicht nur Tequila getrunken, sondern die Söhne Zapatas kochen den Mais weich und gratinieren ihn mit Käse.

Mein Schwager, Koch in Kanada, kocht die Dinger einigermaßen weich, dann fährt er mit dem Messer den Kolben entlang. Die Maiskügelchen fallen in eine Pfanne und nun werden sie in Olivenöl geröstet oder sonstwie gebraten. Er bevorzugt die Beilage selten als Soloessen, sondern als Befeuerung von Entenbraten oder Elch aus dem Ofen. Wie er mir glaubhaft erklärte, schmecke der Mais sehr gut zu Berglöwen, die in seiner Gegend recht häufig sind. Na ja, ich glaube, er neigt zum Flunkern.

GERÖSTETES FRÜHLINGSGEMÜSE

Für 2 Personen

1	Fenchelknolle
einige	grüne Spargel
	Salz zum Pochieren
2	Fleischtomaten
1	große gekochte Kartoffel
1 TL	Olivenöl
1 TL	Thymian, fein gehackt
1 TL	Rosmarin, fein gehackt
1	Knoblauchzehe, gehackt
1	Tomate, grob gehackt
1 EL	Petersilie, fein gehackt
1 TL	Balsamicoessig
1 Msp.	grober schwarzer Pfeffer
1 Msp.	grobes Meersalz

Die Fenchelknolle in Scheiben schneiden und mit dem grünen Spargel in Salzwasser pochieren. Anschließend auf Küchenflies trocknen. Tomaten und Kartoffel auch in Scheiben schneiden, in Olivenöl weich braten und etwas bräunen.

Eine Tomate bleibt übrig und wird gehackt und zum Schluss mit den restlichen Zutaten dazugemengt.

GEFÜLLTE KRÄUTERZUCCHINI

Für 2 Personen

2	große Zucchini
1 EL	Olivenöl
	Pfeffer, Salz
1	Schalotte, fein gehackt
1	Knoblauchzehe, gequetscht
3 Zweige	Thymian
1 Msp.	Kardamom
1	Messerspitze Zimt
2	Brötchen, fein gewürfelt
100 g	Ricotta

Die Zucchini längs halbieren, mit einem Parisien-Ausstecher aushöhlen und das Innere klein schneiden.

Die ausgehöhlten Fruchthälften mit Olivenöl bepinseln, pfeffern und salzen und für 5 Minuten in den Ofen (180 Grad).

Schalotten fein schneiden und mit dem Knoblauch in Olivenöl andünsten. Nun das Zucchini-Fruchtfleisch, den Thymian, die Gewürze und die Brotwürfelchen dazu. Alles gut durchschwenken. Die Masse in die Zucchinihälften verteilen und mit Ricottastückchen belegen. 15 Minuten im Ofen backen.

Dazu könnte man gehackte und mit etwas Schalotten angeschwenkte Tomaten servieren.

RATATOUILLE

Für 2 Personen

Diverse Gemüsepaprika:

1	gelbe
1	rote
1	grüne
1	große Gemüsezwiebel
1	Zucchini
1	Aubergine
2	Fleischtomaten
4 EL	Olivenöl
2	Knoblauchzehen
1/8 l	Weißwein
1 Zweig	Thymian
	Pfeffer, Salz
1 Bund	Basilikum

Die Paprika halbieren, die Kerne herauslösen und in kirschgroße Stücke schneiden. Zwiebel, Zucchini,Auberginen und Tomaten ebenso.

Zwiebel in etwas Olivenöl mit Knoblauch andünsten und die Paprika dazugeben. Mit etwas Weißwein ablöschen. Thymian dazu. Zehn Minuten später die Zucchini und die gewürfelte Aubergine in den Topf geben. Ist alles einigermaßen weich, kommen erst die Tomaten zum restlichen Gemüse.

Das ganze Gericht wird mit möglichst wenig Öl gekocht, aber man kann nach Belieben dosieren. Im Original wird reichlich drangegossen, dies aber erst ganz zum Schluss. Mit grobem schwarzen Pfeffer und Salz abschmecken, Basilikumblätter untermischen und nach Belieben das restliche Öl unterrühren.

Mein erstes Ratatouille aß ich 1975 in einem Örtchen namens La Malène an den Gorges du Tarn. Ich war mit einem Freund und meiner Frau lange durch die wilde Bergigkeit der Cevennen gekurvt. Damals hatten ausländische Nobel-Aussteiger diese Gegend noch nicht entdeckt. Überall standen verlassene Gehöfte der romantischsten Art, auf den Straßen sah man kaum Menschen, sondern vornehmlich Ziegen, die weithin streng rochen. Für mich ein Duft, den ich bei den deutschen Ziegenzüchtern wegen ihrer übertriebenen Hygiene im Stall ziemlich vermisse.

Wir landeten unweit des reißenden Wassers in einem kleinen Hotel, in dem der Chef die Pfannen schwang. Das Ratatouille, geschnitten in ziemlich große und arbeitssparende Würfel, schwamm im Olivenöl. Ich fand das alles überaus köstlich, kaufte mir eine Baskenmütze, steckte mir immer wieder eine Gauloise ins Gesicht. Vier Tage totale Romantik und „Vieux France" machten aus mir einen geruhsamen Teilzeitfranzosen. Der Urlaub war unglaublich billig, obwohl ich nach den vier Tagen immerhin zweiundfünfzig Pastis auf der Rechnung hatte. Das alles änderte aber nichts daran, dass ich in all der Zeit keinen einzigen Fisch aus dem verdammten Fluss ziehen konnte.

SCHWARZWURZELGRATIN MIT GETROCKNETEN STEINPILZEN

Für 2 Personen

25 g	getrocknete Steinpilze
500 g	Schwarzwurzel
1 EL	Mehl
1/4 l	Gemüsebrühe
1/4 l	Sahne
1 EL	Petersilie, gehackt
1	Eigelb
2 EL	Parmesan, frisch gerieben
	Essig, Salz, Pfeffer Muskat, Zitronensaft, Butter

Die Steinpilze in Wasser einweichen. Schwarzwurzeln schälen und sofort in Essigwasser legen, damit sie sich nicht verfärben. In 3 cm große Stücke schneiden und in kochendem Salzwasser mit etwas Zitronensaft ca. 15–20 Minuten kochen, dann kurz in kaltem Wasser abschrecken. Steinpilze in Streifen schneiden und mit Schwarzwurzeln mischen.

Eine flache Auflaufform ausbuttern und die Schwarzwurzelmischung in die Form geben. In einem Topf 1–2 EL Butter schmelzen, Mehl untermischen und mit Gemüsebrühe ablöschen. Unter ständigem Rühren aufkochen lassen, die Sahne zugeben, kurz köcheln lassen, Petersilie untermischen und mit Salz, Pfeffer und Muskat abschmecken.

Am Schluss noch ein Eigelb unterrühren. Die Sauce über die Schwarzwurzeln geben und mit dem geriebenen Parmesan bestreuen. Im Backofen bei 220 Grad etwa 20 Minuten garen.

SPREEWÄLDER SCHMORGURKEN

Eigentlich müsste jetzt noch Speck dazu. Dies nur als Information für Abtrünnige oder Teilzeitvegetarier.

1 kg	fleischige Gurken (z. B. Schmorgurken)
1 Spritzer	Essig
1	Zwiebel
1	Tomate
1 Bund	Dill
1 EL	Butterschmalz
1 EL	Mehl
1/8 l	Fleischbrühe
1/8 l	Sahne
	Pfeffer, Salz
1 TL	Zucker

Die Gurken gut waschen, schälen und der Länge nach halbieren. Mit einem Löffel die Kerne ausstreichen und das Fruchtfleisch in fingerbreite Stücke schneiden. Gurkenstücke salzen, mit Essig beträufeln und etwa 30 Minuten ziehen lassen.

Zwiebel schälen und hacken. Tomate von Haut und Kerngehäuse befreien und in Würfelchen schneiden. Dill hacken. Zwiebel in einer Pfanne anbraten, herausnehmen und im gleichen Fett die Tomate anbraten. Mit Mehl bestäuben. Gurkenstücke mit dem gezogenen Saft und Fleischbrühe zugeben und ca. 5 Minuten köcheln lassen.

Sahne untermischen und weitere 5 Minuten köcheln lassen. Mit Salz, Pfeffer und Zucker abschmecken. Dill darüberstreuen. Gurken mit der Zwiebel-Mischung anrichten. Dazu passen Kartoffeln.

WINTERGEMÜSE-RAGOUT

Für 2 Personen

2	Schalotten oder Zwiebeln, fein geschnitten
100 g	Sellerie
100 g	Karotten
100 g	Teltower Rübchen
100 g	Petersilienwurzel
1	Knoblauchzehe, fein gerieben
2	Kohlrabi
1 Zweig	Thymian
50 g	in Ringe geschnittene Frühlingszwiebeln
50 g	Butter
1/2 l	Fleisch- oder Gemüsebrühe
1 TL	Mehl mit 1/8 l Sahne verührt
	Pfeffer, Salz

Das geputzte Gemüse wird grob gewürfelt. Zwiebeln oder Schalotten in Butter anschwitzen, anschließend gibt man den Sellerie, die Karotten, die Teltower Rübchen, die Petersilienwurzel und den Knoblauch in den Topf. Mit etwas Brühe begossen, werden die Rübchen auf kleinem Feuer langsam gedünstet. Nach fünf Minuten gibt man die Kohlrabi und den Thymian dazu.

Wenn alles weich, aber noch etwas bissfest ist, wird der entstandene Gemüsefond eingekocht, mit der Mehlsahne verührt. Nun die in Stücke geschnittenen Frühlingszwiebeln dazu. Kurz aufkochen und fertig.

WOKGEMÜSE MIT CHILISAUCE

Für 2 Personen

4	Fingerkarotten
2 Stangen	Bleichsellerie
3	Stangenspargel, grün oder weiß
2	längliche Paprika
1	Chilischote feingehackt
1	Zucchini
2	Frühlingszwiebeln
4 EL	frische Erbsen
1	Schalotte
1/2	Knoblauchzehe
1 EL	Olivenöl
1/8 l	Gemüsebrühe
2 EL	Sojasauce, Pfeffer, 2 TL Butter

Die Gemüse werden allesamt in bleistiftdicke Streifen geschnitten, ungefähr 10 cm lang. Paprika halbieren und entkernen. Zucchini muss man nicht schälen.

Das härteste Gemüse, die Karotten, zuerst mit dem Olivenöl in den Wok geben. Eine Minute später folgen Bleichsellerei, roher Spargel (halbiert), die Paprika und Zucchini, Knoblauch und Chili. Nach drei Minuten gibt man die längs halbierten Lauchzwiebeln dazu. Alles pfeffern. Die Zutaten im Wok bräunen. Nach 5 Minuten die Hitze auf maximal drehen. Erbsen und Schalotten dazu. Bevor das Gemüse zu dunkel wird, herausnehmen und warm stellen. Den Bratensatz mit Gemüsebrühe und etwas Sojasauce ablöschen. Flüssigkeit um die Hälfte einkochen. Gemüse dazu und mit einer Butterflocke abbinden.

GEFÜLLTE KRÄUTERZUCCHINI MIT PAPRIKA UND PEPERONI

Für 2 Personen

2	große Zucchini
1	Schalotte, fein gehackt
1	Knoblauchzehe, gequetscht
3 Zweige	Thymian
1 Msp.	Kardamom
1 Msp.	Zimt
2	Brötchen, fein gewürfelt
1/8 L	Milch
1	Paprika
1	Peperoni
1 EL	Olivenöl, Pfeffer, Salz

Die Paprika halbieren, entkernen und mit der klein geschnittenen Peperoni in einer Pfanne mit etwas Olivenöl rundum anbraten. Dann für 20 Minuten in den Ofen. Die Zucchini längs halbieren, mit einem Parisien-Ausstecher aushöhlen und das Innere klein schneiden.
Die ausgehöhlten Fruchthälften mit Olivenöl bepinseln, pfeffern und salzen und für 5 Minuten in den Ofen (180 Grad).

Schalotten fein schneiden und mit dem Knoblauch in Olivenöl andünsten. Nun das Zucchini-Fruchtfleisch, den Thymian, die Gewürze, Sahne und Soja und die Brotwürfelchen dazu. Paprika kleinhacken und auch dazu.
Alles gut durchschwenken. Eventuell kurz einkochen. Die Masse in die Zucchinihälften verteilen und mit Ricottastückchen belegen. und 15 Minuten im Ofen backen.

LIQUAMEN
oder Garum Sociotum

2000 Jahre Sehnsucht nach Glutamat

Vor einem halben Jahr erschien ein wissenschaftlich fundiertes Buch zur Ernährung der alten Römer. Die gründliche Forschungsarbeit der Bonner Archäologin Gudrun Gerlach brachte Erstaunliches zutage. Vor zweitausen Jahren wurden schon Austern gezüchtet, Konserven waren im Angebot, der Schnellimbiss war längst erfunden, Crêpes wurden dort gebacken, Fische in betonierten Becken gezüchtet und so fort.

Klar, jede Hochkultur fördert auch Exzesse. Doch möchte ich es als baren Unsinn ansehen, wie der „Spiegel" das Thema ausschlachtete. Die fetten Römer also, wie sie sich völlernd, von gegrillten Nachtigallszungen befeuert und in hohem Bogen erbrechend ihr Weltreich zusammengerafft hatten. Im „Spiegel" wurde darüber berichtet, genau in der Art, wie es der Spiegelleser liebt. Horrorszenarien wurden in diesem „unabhängigen" Magazin beschrieben. Alles sei noch viel schlimmer gewesen, was in dem Küchenbrauch gipfelte, an viele Gerichte einen Absud von Gammelfisch zu tröpfeln.

Liquamen oder Garum war in der römischen Küche ein allgegenwärtiges Würzmittel und wurde fast an jede Speise gegeben. Es war in verschiedenen Qualitäten verfügbar. Hydrogarum hatte als Grundlage Wasser, Oenogarum wurde mit Wein angesetzt, Garum Piperatum war mit Pfeffer aufgepeppt, und ausgebuffte Gourmetköche griffen zum Garum Sociotum, das noch einige Geheimnisse enthielt, wie das unten angeführte „Vincents Liquamen". Die römischen Würzmittel waren damals recht teuer, wurden in Fabriken hergestellt. Das Fermentieren der Fische war nicht gerade eine wohlriechende Angelegenheit und wurde weitab menschlicher Besiedlungen vorgenommen. Naturgemäß lagen die Produktionsstätten am Meer. An den Küsten Spaniens und Portugals allein waren über 50 Betriebe angesiedelt.

Es bedurfte industrieller Fertigung, um die Nachfrage im Reich befriedigen zu können. Kleinere Fische, Innereien von Fischen und sogenannter Beifang wurden mit Salz fermentiert, ähnlich der originalen Herstellung von Sardellen, deren Fertigung auch ohne jede Kühlung vonstatten geht. Zwei bis drei Monate dauerte der Fermentierungsprozess, mit einfachen Worten ausgedrückt ein gesteuerter Verfaulungsprozess. Das hört sich wild an, aber bei der Käseherstellung sind ähnliche Vorverdauungen im Gang.

Das römische Liquamen oder auch Garum genannt war der heute in Asien gebräuchlichen Fischsauce nahezu identisch. Die thailändische Küche verwendet diese Sauce (thailändisch: Nam Pla, vietnamesisch: nuoc mam,), statt Salz zu jedem Gericht. Vegetarier mögen jetzt tot umfallen, aber der Lieblingschinese, vor allem der Thailänder, kocht so gut wie kein Gericht ohne Fischsauce, die in der Thai- und Vietnamküche komplett das Salz ersetzt.

Liquamen befriedigte bereits vor zweitausend Jahren nichts anderes als die Sehnsucht des Menschen nach glutamatähnlicher Substanz. Wissenschaftliche Forschungen zeigten, dass Glutamat neben „süß", „sauer", „salzig" und „bitter" noch eine weitere Geschmacksempfindung vermittelt. Den fünften Geschmack nennt man „Umami", was japanisch „Köstlichkeit" bedeutet. Sie versorgt das Essen mit einer gewissen Abrundung.

Über die Nebenwirkungen von Glutamat ist nur schwer an Auskünfte zu kommen. Dafür sorgt die Nahrungsmittelindustrie, denn durch diese Aminosäure kann halblebige und fade Industrienahrung vortrefflich aufgemöbelt werden. Darüber breitet man lieber gnädig den Mantel des Schweigens. Glutamat ist also ein existenzielles Produkt der Nahrungsindustrie, aber auch der Gastronomie. Zum Teil liegt es daran, dass sich die Bevölkerung an diese Zutat so gewöhnt hat, dass ohne den Aufmöbler dem Essen vermeintlich etwas fehlt.

Natürliches Glutamat kommt in vielen Lebensmitteln vor, beispielsweise im Parmesankäse. Deshalb gibt Parmesan vegetarischen Gerichten eine gewisse „runde Kraft", die wir vom Fleisch her kennen. Irgendwie strebt aus diesen Gründen alles dem Fleisch entgegen und selbst viele Vegetarier sind zwar mit ihrer Entscheidung zufrieden, aber irgendetwas fehlt halt, eben der Stoff, der natürlich in Fleisch, Fisch, Gemüse und Milch vorkommt.

Zwischen natürlichem und künstlich hergestelltem Glutamat besteht, chemisch betrachtet, kein Unterschied. Wenn es zusammen mit anderen Aminosäuren oder Peptiden verknüpft ist, spricht man von „gebundenem Glutamat". Als Geschmacksverstärker verwendet wird jedoch das „freie" Glutamat. Dieses ist beispielsweise auch natürlicherweise in Tomaten, Käse oder Pilzen enthalten. Industrielles Glutamat wird mittels Mikroorganismen (Corynebacterium glutamicum) aus einer zuckerhaltigen

Substanz (Melasse, Stärke, Hydrolysat) durch Gärung gewonnen. Glutamat ist auch ein wichtiger Botenstoff im Gehirn, doch das über die Nahrung aufgenommene Glutamat hat keine (zumindest noch keine erforschten) Auswirkungen auf das Glutamat im Gehirn. Der Mensch stammt ursprünglich aus dem Meer, und alle Bestandteile des Meersalzes (84) finden wir in unseren körpereigenen Säften wieder. Fehlt etwas davon, sucht der Körper nach Ausgleich. Die buddhistisch-vegetarische Küche des 17. Jahrhunderts (Fucha) erkannte einen gewissen Mangel, der nur über Fisch und Fleisch zu kompensieren gewesen wäre. Künstliches Glutamat täuscht über dieses Defizit hinweg.

Die buddhistischen Mönche bedienten sich jedoch anstatt des Glutamats der Kombu-Alge und des Nori-Tangs, welche alle im Meer vorhandenen Minerale beherbergen. In der asiatischen Massenküche ist dieses Produkt aber vom industriell hergestellten Monosodium-Glutamat ersetzt worden.

Vincents Garum-Sociotum©

Vom gesundheitlichen Standpunkt her ist das folgende Liquamen-Rezept sehr zu empfehlen. Der Geschmack des fermentierten Fischs ist aus ästhetischen Gründen optimal durch Sardellen (Anchovis), getrocknete Steinpilze und die dünnblättrigen Norialgen (Purpurtang) ersetzt. Es handelt sich bei diesem Rezept durchaus um eine Verbesserung des römischen Liquamen-Sociotum, der Luxusversion für die gehobenen Stände, also genau das Richtige für die Leser dieses Buches. Damit dürften Maggi & Co in Häuptlingsküchen endgültig exekutiert sein.

100 g	*Sardellen bzw. Anchovis, möglichst nur gesalzen und nicht in Öl*
1 TL	*Meersalz*
3/8 l	*Weißwein*
3 EL	*Weißweinessig*
1 EL	*Steinpilzpulver*
1 Blatt	*Nori-Algenblätter (Seaweed)*

Sind die Sardellen in Öl eingelegt, so diese mit heißem Wasser abspülen. Alle Zutaten in eine Schüssel geben. Ist die hauchdünne Alge weich und aufgequollen, dann das Gemisch kurz aufkochen. Anschließend mixen und in eine Flasche abfüllen.
Im Kühlschrank mindestens 2 Monate haltbar.

1909 erfand Julius Maggi den Brühwürfel,
das machte dem Garum dann den Garaus.

Frank Wedekind war in jungen Jahren Werbetexter bei Maggi:

„Was dem Einen fehlt, das findet
In dem Andern sich bereit;
Wo sich Mann und Weib verbindet
Keimen Glück und Seligkeit.
Alles Wohl beruht auf Paarung;
Wie dem Leben Poesie
Fehle Maggi's Suppen-Nahrung
Maggi's Speise-Würze nie!"

SPINAT

Durch den Wolf gedrehter Spinat wird in Haushalten gerne gefroren gekauft. Dagegen ist nichts einzuwenden, jedoch sollte die grüne Panzerplatte zum Auftauen auf ein Sieb gelegt werden, damit das grüne Tauwasser besser abläuft.

Viel wohlschmeckender und geradezu sensationell wird Spinat, wenn man frische Blätter verwendet. Damit nicht genug, denn gewöhnlich werden die Spinatblätter blanchiert und wertvolle Inhaltsstoffe und Aromen wandern in den Ausguss. Ich dünste immer etwas Schalotten in Butter, dann kommt der gewaschene und gut abgetropfte Spinat in die Pfanne und unter großem Feuer wird alles hin und her gewendet bis der Spinat etwas zusammengefallen ist. Teile davon können sogar noch ein bisschen roh sein.

Aber Achtung, junger Frühjahrsspinat ist oft sehr wässrig, und unten in der Pfanne sammelt sich gewisses Fruchtwasser. Passiert dies in starkem Maße, so waren die Blätter schon zu lange in der Pfanne. Wirklich junger Spinat sollte fast roh gegessen werden.

Und nun zum Würzen. Ich mache es immer auf die gleiche Art wie das schon die Römer praktizierten: Man nimmt drei Salzsardellen und mixt sie mit einem Achtel Wein sehr fein. Diese Flüssigkeit kann im Kühlschrank gerne zwei Wochen aufbewahrt werden. Man gibt einige Spritzer ans Gemüse und verwendet die Sardellenmelange als Geschmacksverstärker. Ähnlich der asiatischen Fischsauce, die ja auch nichts anderes ist als das Liquamen der Römer. Ein fermentiertes Fischprodukt mit gewissem natürlichen Glutamat.

KARTOFFELN

Ohne Kartoffeln kann ich mir meine Küche gar nicht vorstellen. Ich glaube, es gibt kein Geschenk der Natur, das derart viele Variationsmöglichkeiten bietet. Bis auf wenige Ausnahmen bevorzuge ich in der Küche mehlige Kartoffeln, sie nehmen Flüssigkeiten gut auf. Bei gratinierten Kartoffeln sind das Sahne oder Milch, beim Püree ebenso, bei Bouillonkartoffeln gibt die Fleischbrühe den Geschmack und die Saftigkeit.

So weit, so gut. Jedes Jahr jedoch zeichnet sich Anfang März ein Drama in meiner Küche ab. Die Kartoffeln des alten Jahres haben bereits viele Triebe und sind irgendwie ausgepowert. Die Suche nach guten Kartoffeln beginnt, und bereits im Mai sind die ersten Galatiner oder Maltakartoffeln auf dem Markt. Sie sind überwiegend festkochend und allenfalls für Kartoffelsalat geeignet.

Unser Kartoffelbauer liefert erst Ende Juni die gewohnte Ware. Kartoffeln sind nämlich wirklich Gewöhnungssache, und ich finde es wichtig, dass man verschiedene Sorten ausprobiert und am Ende bei der favorisierten Sorte bleibt. Diese lassen wir dann beim Bauern einkellern; so sind keine unangenehmen Überraschungen zu befürchten. Die Kartoffelsorte wird beinahe zu einem Teil des Kochs. Man ist gleichsam mit den Dingern verheiratet und weiß genau, wie sie beim Verarbeiten reagieren.

Kommen die neuen Kartoffeln ins Haus, muss man sich auch die Mühe machen, sie zu probieren und in verschiedenen Gerichten zu testen. Oft sind die Erdfrüchte unbekannter Herkunft mit Kunstdünger zu schneller Größe gebracht, das wirkt sich auf den Geschmack aus. Also kritisch bleiben. Auf dem Bioacker muss die Kartoffel nicht unbedingt aufgelesen sein, aber schmecken sollte sie. Viele Gerichte lassen sich übrigens mit neuen Kartoffeln nicht optimal zubereiten. Bei Kartoffelpüree hatte ich selten Glück, denn Kartoffeln benötigen nach der Ernte eine gewisse Reifezeit. Man muss sich dem Produkt eben anpassen. Der Charme neuer Kartoffeln liegt im frischen Geschmack, und der kommt am besten zur Geltung, wenn man möglichst wenig daran herumdoktert.

Die Schale gut schrubben und ungeschält als Pellkartoffel kochen, auch kann man sie danach halbieren und in Butter oder Olivenöl anbraten. Übrigens ist die Salzkartoffel, also das schlichte Kochen in Salzwasser, die höchste Kunst. Wie über Bratkartoffeln ließe sich tagelang darüber diskutieren.

Kartoffeln sind nicht besonders teuer, und so widmet man sich ihnen oft nur mit Nachlässigkeit. Kümmert man sich um sie, und sei es nur als Pellkartoffel, die sauber gewaschen wird und deshalb nicht nach Erde muffelt, dann hat man mit etwas Salz und Butter bereits eine Köstlichkeit.

Joachim Ringelnatz: I. Weltkrieg

Kein Petroleum, kein Spiritus mehr, keine Semmeln, kein Fleisch, keinen Zucker. Der Kunsthonig wirkte auf Messerstahl wie auf unsere Zähne, wie Säure. Die Matrosen waren froh, wenn ich ihnen von meiner Brotration etwas abgab. Manchmal sparten wir uns Kartoffeln und machten Salat daraus. Weil es kein Öl gab, nahmen wir Brillantine.

KARTOFFELGRATIN

Für 2 Personen

3	mehlige Kartoffeln
1 EL	Butter für die Form
1/2	Stange Lauch in feinen Scheiben
1/2 l	Fleischbrühe
1 EL	Parmesan
1/8 l	Schlagsahne,
	Pfeffer, Salz, Muskat

Eine Auflaufform buttern und mit Lauchscheibchen bestreuen. Dünne Kartoffelscheiben darüberfächern, eventuell noch Lauchscheibchen dazwischengeben. Fingerhoch mit gut gewürzter Brühe aufgießen. Hat man eine Gusseisengratinform, so kann diese auf den Herd gestellt werden. So kommt alles besser in Schwung. Kurz kochen, dann in den Ofen und 30 Minuten backen, bis die Flüssigkeit aufgesogen ist. Mit etwas Parmesan bestreuen und dünn mit Schlagsahne abdecken. Unter der Grillschlange gratinieren.

Immer wieder variiere ich das Kartoffelgratin, lasse die Sahne weg und bereite es nur mit Fleischbrühe oder bei einem vegetarischen Menü mit Bio-Gemüsebrühe. Auch der Parmesan kommt in den alten traditionellen Rezepten nicht vor.
Insgesamt muss man unterscheiden, ob ein Kartoffelgratin in einem Gourmetmenü gereicht wird, oder ob es sich um einen Mampf-Auflauf mit massenhaft Sahne und fädenziehendem Käse handelt, der vielleicht einen turbulenten Kindergeburtstag zum Erliegen bringen soll. Mit dem oben stehenden Rezept ist übrigens auch nicht der kulinarische Briefbeschwerer gemeint, der so manche studentische Vegi-WG befeuert.

ELSÄSSER KARTOFFELAUFLAUF

Für 2 Personen

300 g	Kartoffeln
1 EL	Butterschmalz
1	Zwiebel
1 EL	fein gewürfelter Rauchspeck
1/4	Münsterkäse
1 Zehe	gequetschter Knoblauch
	Pfeffer, Salz

Wir bereiten den Elsässer Kartoffelauflauf mit neuen Kartoffeln zu. Man muss sie nicht schälen. Kartoffeln in dünne Scheiben schneiden oder hobeln. In eine Schüssel geben und mit reichlich Wasser die Stärke auswaschen. Abschütten und gut trocknen.

Butterschmalz erhitzen. Kartoffeln wie rohe Bratkartoffeln goldbraun braten.

Zwiebel in feine Würfel schneiden und unter die Bratkartoffeln mischen. Speck dazu und ca. 5 Minuten mitbraten. Nun den Knoblauch dazu. Kartoffeln mit Pfeffer und Salz würzen. Bratkartoffeln in Portions-Auflaufförmchen füllen. Münsterkäse in dünne Scheiben schneiden und über die Bratkartoffeln verteilen. So lange unter den Grill stellen, bis der Käse zu fließen beginnt.

KARTOFFELDRESSING

1/2 Sträußchen	Schnittlauch
1/2 Sträußchen	Petersilie
1/2 Sträußchen	Estragon
3 EL	Sonnenblumenöl
1 EL	Weißweindressing
1	mehlige Kartoffel, weich gekocht
1/8 l	kräftige Gemüsebrühe
	Pfeffer, Salz

Die Kräuter fein hacken und zur Seite stellen. Alle anderen Zutaten miteinander mischen. Die Kartoffel bewirkt, dass das Dressing sich gut andickt, was man normalerweise nur mit der Zugabe von Öl erreicht.

Ist alles gut gemischt, kommen die Kräuter dazu. Nur ganz kurz mixen, damit die Struktur der gehackten Kräuter erhalten bleibt.

Die Kartoffelbindung macht insofern Sinn, als sich bei vielen Dressings die Flüssigkeit unten in der Salatschüssel sammelt. Vielerorts wird auch mit Bierhefe das Dressing etwas gebunden. Ich denke aber, dass unsere Eingeweide bereits mit genügend Hefe (Pilzen) belastet sind.

KARTOFFELKNÖDEL

Für 2 Personen

500 g	mehlige Kartoffeln
3	Eigelb
50 g	Grieß
	Muskat, Pfeffer, Salz und Frischhaltefolie

Kartoffeln nicht schälen, sondern als Pellkartoffeln zubereiten. Abschütten und ausdampfen lassen.

Die gepellten Kartoffeln durch die Presse drücken und das Eigelb mit dem Grieß untermengen. Nun würzen mit Muskat, Pfeffer und Salz. Kugeln formen und in Salzwasser kochen.

Zwanzig Minuten in fast kochendem Wasser ziehen lassen

Selbstverständlich gibt man erst einen kleinen Probeknödel ins Wasser, um zu sehen, ob er hält. Es ist auch zu beachten, dass man das Gemenge wenigstens 20 Minuten abgedeckt gehen lässt, damit der Grieß ein wenig aufquillt. Die Knödel sind sehr locker. Sollten sie zerfallen, so formt man große Knödel und wickelt sie in Frischhaltefolie ein. Das Ende der Folie gut verzwirbeln und ab ins Wasser.

KARTOFFELKUCHEN

Für 2 Personen

1	Zwiebel
2 EL	Olivenöl
50 g	Bergkäse
500 g	Kartoffeln, mehligkochend
1 Prise	Paprikapulver
2	Eier
3 EL	Crème fraîche
3 EL	Kartoffelstärke
1 EL	Olivenöl für die Form
5	Tomaten
100 g	Champignons
1/2 Bund	Lauchzwiebeln
2	Knoblauchzehen
125 g	Mozzarella
1 EL	Sonnenblumenöl
1/2 Bund	Rucola
1 Zweig	Basilikum
	Salz, Pfeffer

Den Backofen auf 220 Grad Ober-/Unterhitze (Heißluft 200 Grad, Gas Stufe 4) vorheizen. Die Zwiebel schälen, in feine Würfel schneiden und in einer Pfanne mit 1 EL Olivenöl glasig dünsten. Bergkäse fein reiben. Die Kartoffeln schälen und auf einer Gemüsereibe raspeln. Dann Kartoffeln und Zwiebeln mit Salz, Pfeffer, Paprikapulver, Eiern, Crème fraîche, Kartoffelstärke und dem Käse mischen. Alles in eine gefettete Springform geben und im vorgeheizten Ofen 30 Minuten backen.

In der Zwischenzeit Tomaten würfeln, Champignons in feine Scheiben, Lauchzwiebeln in Ringe schneiden und den Knoblauch fein hacken. Mozzarella in Scheiben schneiden. Das Gemüse in einer Pfanne mit 1 EL Sonnenblumenöl anschwitzen und mit Pfeffer und Salz würzen. Dann auf den Kartoffelkuchen geben, Rucola grob schneiden und darauf verteilen. Mit dem Mozzarella bedecken und nochmals 10 Minuten im Backofen backen. Basilikumblätter in Streifen schneiden.

Den Kuchen kurz stocken lassen, aus der Form nehmen, mit Basilikumstreifen bestreuen, in Stücke schneiden und warm servieren.

Diese Rezeptidee geht eindeutig auf die spanische Tortilla zurück. *Jede spanische Mammi backt diese Rundlinge nach eigener Fasson, deshalb wird an dieser Stelle eindringlich zum Experimentieren aufgefordert.*

Sollte nach diesem Gericht der Ranzen spannen, so bedenke man, dass es besser ist, einen dicken Bauch vom Essen zu haben, als einen krummen Buckel vom Schaffen. So jedenfalls meint eine schwäbische Lebensweisheit.

GEFÜLLTE KARTOFFELN

Für 2 Personen

4	große Kartoffeln
4	Zwiebel, fein gehackt
1 EL	fein gewürfelter Speck
1/4 Stange	Lauch
2 EL	Butter
1	Knoblauchzehe
1/8 l	saure Sahne
1 TL	Essig
1 Msp.	Muskat
1 Bund	Blattpetersilie
50 g	Feta-Ziegenkäse
	Pfeffer, Salz

Die Kartoffeln wie Pellkartoffeln weich kochen. Die Kartoffeln halbieren und mit einem Apfelaushöhler das Innere so herausnehmen, dass die Kartoffeln wie Schiffchen innen Platz für die Füllung geben.

Die Zwiebeln, den Speck und den in kleine Würfel geschnittenen Lauch in Butter andünsten, dann die gequetschte Knoblauchzehe und das zerdrückte Kartoffelinnere dazu. Die Sahne und den Essig dazu. Alles gut durchkochen. Mit Muskat, Pfeffer und eventuell Salz würzen.

Die gehackte Petersilie einstreuen. Vom Herd nehmen und den in kleine Würfel geschnittenen Feta-Käse dazugeben. Alles in die ausgehöhlten Kartoffeln füllen, eine Butterflocke obenauf geben und im Ofen kurz gratinieren.

KARTOFFELPÜREE Ia

Für 2 Personen

500 g	Kartoffeln (mehligkochend)
1/4 l	Milch
3 EL	braune Butter
1/8 l	geschlagene Sahne
	Muskat, Salz, wenig Pfeffer

Die Arbeiten müssen zügig bei voller Hitze der Kartoffeln erledigt werden. Keinesfalls darf die Arbeit unterbrochen werden.

Geschälte Kartoffeln der Länge nach halbieren und weich kochen. Gründlich abschütten und wieder auf den Herd bei kleiner Flamme.

Die Kartoffen immer wieder schütteln, eventuell vom Boden loskratzen. Wenn sie dabei verfallen, so macht das nichts.

Die Kartoffeln mit der Kartoffelpresse in einen heiß vorgewärmten Topf drücken. Kochend heiße Milch darauf, dass ein lockerer, nicht zu nasser Brei entsteht. Abschmecken mit Pfeffer, Salz und Muskat.

Das Ziel: locker, fluffig, aber nicht laufend, lieber etwas zu fest, da ja später noch die Schlagsahne drunterkommt. Anschließend durch ein feines Sieb streichen und abdecken mit einem Kuchenhandtuch und warm stellen. Auf kleinem Feuer das Püree anwärmen und die braune Butter daruntergeben. Vor dem Anrichten die Schlagsahne unterheben.

KARTOFFELROULADE MIT KRÄUTERFÜLLUNG

500 g	Kartoffeln (mehligkochend)
3	Eigelb
100 g	Butter
50 g	Weizenmehl
100 g	Semmelmehl
	Muskatnuss, gerieben
150 g	Champignons
150 g	fein gewürfelter Speck
1	Zwiebel
	etwas Butter
3 Bund	Petersilie, fein gehackt
1 TL	Thymianblättchen
1 EL	gerebelter Majoran
4 EL	Parmesan
	Pfeffer, Salz

Champignons, Speck und Zwiebel klein hacken und in etwas Butter andünsten und die Kräuter dazu. Etwas abkühlen lassen, würzen mit Pfeffer und Salz, den Parmesan daruntergeben.

Die Kartoffeln als Pellkartoffeln in Salzwasser weich kochen, abschütten und etwas abkühlen lassen. Nun schälen und durch die Kartoffelpresse drücken.

3 Eigelb dazugeben und unterarbeiten. Butter, Mehl und Brösel untermischen, gut verkneten. Mit Muskat und eventuell noch mit Salz würzen.

Ein Tuch ausbreiten und mit gefettetem Pergament belegen. Die Kartoffelmasse darauf gleichmäßig flach drücken und mit der Speck-Zwiebel-Mischung bestreichen. Zusammenrollen und in daumendicke Scheiben schneiden. In Schmalz oder Butterschmalz von beiden Seiten jeweils fünf Minuten sanft braten.

Bei Kiepenheuer & Witsch erschien vor Jahren das wunderbare Buch von Julian Barnes ***„Fein gehackt und grob gewürfelt“.*** *Wer es nicht weiß: Barnes ist einer der anerkanntesten Literaten des englischen Literaturbetriebs. Mit dem von ihm und vielen Engländern gemeinsam gepflegten spitzen Humor schildert er sich als Hobbykoch, der sich exakt an geschriebenen Rezepte orientiert und dadurch desaströse Küchenunfälle veranstaltet. Beim Rezept gegenüber wird Speck annonciert und der Vegi wird aufheulen, was das nun wieder für ein Betrugsrezept sei.*

Andererseits: Der wurstessende Fleischpurist regt sich über den Senf auf, der seiner Knackwurst den Anflug eines Vegigerichts verschafft. Wie verhält man sich bei solchen Schicksalsschlägen? Konfuzius wurde raten, einfach das wegzulassen, was einem nicht in den Kram passt.

Aber Vorsicht: Lässt der Kreativling bei der Kartoffelroulade die Kartoffel weg, wird dieses Gericht zum reinen Dadaismus.

KALTE KARTOFFELSUPPE „VICHYSSOISE“

Für 2 Personen

Diese Suppe stammt aus der Grande Cuisine der Escoffierzeit und war in großen Menüs überaus beliebt. Die Qualität der Suppe hängt sehr von den Kartoffen und der Fleischbrühe ab.

500 g	Kartoffeln (mehlig)
1 l	Bouillon
500 g	Lauch in Scheiben
3 EL	Crème fraîche
1/8 l	Sahne
1 EL	Schnittlauch
	Pfeffer, Salz, Muskat

Kartoffeln in dünne Scheiben schneiden und in der Bouillon weich kochen. Nach 10 Minuten die Lauchscheiben zugeben und nach weiteren 5 Minuten alles im Mixer pürieren.

Noch einmal durch ein feines Sieb geben und mit dem Handmixer die Crème fraîche und die Sahne untermixen. Abschmecken mit Pfeffer, Salz und Muskat. Man achte darauf, dass die Suppe in warmem Zustand etwas versalzen schmecken sollte, damit sie in kaltem Zustand abgerundet nicht zu fad wirkt. Mindestens sechs Stunden kalt stellen.

Vor dem Anrichten mit geschnittenem Schnittlauch bestreuen.

KATZENBERGERS BADISCHE KARTOFFELSUPPE

Für 4 Personen

4	geschälte Kartoffeln
2	Zwiebeln
500 g	Petersilienwurzel
60 g	Butter
1 l	Milch
	Salz, Pfeffer, Muskatblüte
	eventuell etwas Knoblauch
1 Bund	Blattpetersilie, grob gehackt
1/4 l	Olivenöl
1 TL	Instant-Bio-Gemüsebrühenpulver

Die Zwiebeln hacken und die geschälten Wurzeln und Kartoffeln in feine Scheiben schneiden (hobeln) und zusammen in einem Topf mit Butter auf kleinem Feuer anschwitzen, ohne zu bräunen. Mit der Milch aufgießen und kochen, bis auch gröbere Scheiben gut weich sind. Anschließend alles in den Mixer und mit Salz, Pfeffer und Muskat abschmecken.

Petersiliengrün mit Olivenöl und Biogemüsebrühe mixen und in die schaumig angerichtete Suppe in Schlieren einruhren.

***Rudolf, genannt Rudl Katzenberger** fällt das große Verdienst zu, mir, dem Jungkoch Vincent, in den frühen Siebzigerjahren die Grundrechenarten des intelligenten Kochens beigebracht zu haben. Er betrieb in Rastatt sein weit gerühmtes Restaurant „Adler“, in dem der Adel, mit und ohne Geld, mit und ohne Kredit, ein und aus ging. Katzenberger, ein wirklich intellektueller Koch, sozusagen eine Rarität, ist bis heute mein Vorbild.*

KARTOFFELSALAT, DAS BESTE GEMÜSE DER WELT

Während sich meine Eltern Sonntagmorgens im Bett womöglich noch um weitere Nachkommen bemühten, wackelte mein Bruder mit mir bereits durch die Gassen zur Franziskuskirche. Wir Buben belieferten verzweifelt das kleinstädtische Brauchtum, um der Pfarrgemeinde und den örtlichen, auf Ausguck lauernden Bürgern den Nachweis zu liefern, dass in der Tierarztfamilie die Sitten im Lot und die Tradition behütet waren.

Klar, dass die Schuhe viel zu eng waren, der Bleyle-Anzug unerträglich piekte und an unseren pubertären Wadenhärchen beharrlich zupfte. Im Winter huschten wir frierend durch die Gassen. Im Sommer war es wesentlich verdrießlicher, wir schwitzten wie verrückt, was den feinmaschigen Wollanzug noch mehr an unseren Beinen kleben ließ. Auf Linderung hoffend, staksten wir steifbeinig wie Westernhelden und in möglichst wenig erhitzendem Passgang der Ursache von Folter und Übel entgegen.

Es waren die Zeiten, in denen man erst neue Kleider bekam, wenn die alten aus den Nähten platzten. Nicht nur die fromme Denkart der Gottesdienstheuchler, nein, alles war zu eng. Nicht viel anders drängten sich die Dächer über den Gassen, sie bogen sich über unseren Weg wie Wärmehauben über ein duftendes Menü, denn aus Fenstern und Türen drang erquickendes Odeur von Lustmolchen, die es natürlich auch gab und die sich durch gute Festtagsbraten die Dispens vom Kirchgang erkochten.

Die Gerüche von allerlei gerösteten Fleischstücken zogen übers Pflaster wie sauwohl geschwängerter Bodennebel. Das verstärkte die Qual des Kirchgangs ungemein und addierte sich zu allem Malheur auch noch zu Magenkrämpfen. Ungehindert lief das Wasser im Maul zusammen.

Es mag sich heute unwahrscheinlich anhören: Jeden Sonntag gab es daheim und bei allen Nachbarn Braten vom Schwein oder Rind oder Kalb oder alle Fleischsorten gemischt. Für uns Kinder war die Fleischzuteilung des Vaters jedoch eher knapp.

Wir hielten uns an die Spätzle, die Soß und – jetzt kommt's: „Kartoffelsalat". Das war der Eckpfeiler unserer Gourmandise. Das ist bis heute so geblieben. Kein echter Schwabe, dem es nicht genauso ginge. Selbst in der Wielandshöhe, die ja bekannt für feine Genüsse und für Grande Cuisine eine Adresse ist: Kartoffelsalat ist immer an Bord.

Jede Hausfrau bereitet ihn anders zu, und in jeder Region pocht man auf die ureigenste reine Lehre. Mit Mayo, mit Gurken, grob geschnitten, fein gehobelt. Alles ist erlaubt

Lothar Späth, ehemaliger Ministerpräsident mit fataler Cleverles-Hypothek, auf den trotzdem kein rechter Schwabe etwas kommen lässt, gab zum Kartoffelsalat eine klare Definition: „Soichnass muaß er sei und dr Wein dazu furztrocka."

Versteht sich, dass über Kartoffelsalat ohne Weiteres eine Stunde gestritten werden kann, einwandfrei geklärt ist aber, dass Schwaben ihn nur lauwarm richtig mögen, das aber bitte nicht aufgewärmt.

KARTOFFELSALAT-REZEPT NACH MUTTER IRENE

Für 2 Personen

500 g	Kartoffeln vorwiegend festkochend
1	kleine Zwiebel
3 EL	Pflanzenöl (am Schluss muss sehr viel Öl zusätzlich dran, er muss glänzen)
1/4 l	Brühe stark, kräftig, überwürzt (aus Bio-Instant-Gemüsebrühe)
1 EL	Essig
2 Msp.	Curry
1 TL	Feuersenf
	Pfeffer und Salz

Die Kartoffeln wie Pellkartoffeln weich kochen. Die über alles gerühmte Sorte Sieglinde ist mir meistens zu speckig. Zwar heißt es immer, die Kartoffeln müssten festkochend sein, was schön und recht ist, aber mir ist es wichtiger, dass die Kartoffeln die Brühe, das Öl und den Essig gut aufsaugen. Dies auch auf die Gefahr hin, dass die Kartoffen unansehlich zerfallen.

Die Pellkartoffeln lauwarm abkühlen lassen, schälen und in feine Scheiben schneiden. An dieser Stelle Obacht, es ist grauenhaft, wenn im Kartoffelsalat Brocken sind. Aus diesem Grund greife ich schon seit langem zum Hobel. Sind die Kartoffeln gerädelt, kommt die Brühe über die Kartoffeln. Sie muss sehr, sehr überwürzt sein. Dann kommen Curry (Vorsicht, wenn man diesen herausschmeckt, wäre das eine Katastrophe), 2 Msp. Salz, der Senf, grober Pfeffer und die Zwiebel dazu. Die Zwiebel schneide ich nicht mit dem Messer fein, sondern benütze auch eine Raffel dazu, so dass alles fein ist und sich gut verteilt. Nun die Hälfte des Öls darübergeben und erst jetzt alle Zutaten durcheinandermischenden. Versierte schwingen alles zusammen in der Schüssel, andere nehmen zwei große Holzlöffel, am besten schmeckt er aber, wenn man ihn mit den Händen durchmischt. Während des Mischens probieren. Danach den Salat eine halbe Stunde stehen lassen, meist müssen dann noch Brühe, Essig und Salz hinzu, denn der Salat „lässt nach".

Ohne die Zwiebelbeigabe *kann man den Kartoffelsalat schon morgens vorbereiten. Vor dem Servieren wird dann erst die geriebene Zwiebel daruntergemischt. Ist allerdings die Zwiebel im Gemenge, dann schmeckt mir der Kartoffelsalat allenfalls eine Stunde lang. Danach kommt es zu „Gaskrieg in den Gedärmen".*

Echte Schwaben-Aborigines dürften beim Sichten des Wortes „Curry" kollabieren. Doch halt: Meine Mutter war offensichtlich bereits in den Sechzigerjahren des vergangenen Jahrhunderts ökomäßig unterwandert. Das Quentchen Currypulver sollte einen gewissen Maggi-Effekt simulieren.

Da in der Wielandshöhe die Gäste beim Schmecken von Maggi und Knorr zweifelsfrei zu knurren begännen, verfahre ich ebenso. Außerhalb dieser heiligen Hallen kenne ich jedoch einige Futterplätze mit der originalen Rezeptur und der deutlichen Liebstöckel-Glutamatnote. Ehrlich gesagt, dieser Maggi-Groove reißt es wirklich raus und ich bin ein bisschen neidisch, dass mir diese kulinarische Höhung verwehrt bleibt.

FENCHEL

Verdammt, das Buch wird immer dicker. In der Vorgehensweise verfahre ich wie beim Kochen, einfach ein bisschen Zeugs zusammensuchen und dann irgendwie anfangen. Nö, Perfektion ist nirgends auszumachen. Ich bin ohnehin eher der Ansicht, dass man besser etwas schnell, schlampig und jetzt sofort vollbringt, als dass man etwas perfekt macht, das aber nie.

So, gerade ist mir eingefallen, dass mein Lieblingsgemüse in diesem Buch noch keinen Platz gefunden hat. Fenchel ist mir das Grundrauschen des Sommers und selbst im Winter trinke ich fast täglich Fencheltee. Einfach Fenchelkörner mörsern, kochendes Wasser drauf und dann noch ein bisschen Zucker dran. Meine Gäste mögen Fenchel mehrheitlich nicht besonders. Irgendwie läuft bei den Leuten im Oberstübchen immer der Film mit den Hustenbonbons ab. Was tun? Ganz einfach, Fenchel schreibe ich selten auf die Karte, sondern der kommt einfach unaufgefordert, und mit dieser Überrumpelung habe ich schon viele Gäste über den Tisch und ins Glück gezogen.

Beim Fenchel werden die etwas holzigen Stile abgeschnitten und auch die äußeren Blätter entfernt, sollten sie zäh sein. Man muss das ausprobieren, und Fenchel schmeckt roh auch sehr gut. Kurz und gut, fasrig sollten die äußeren Blätter nicht sein und man kann sie gegebenenfalls auch ein wenig mit dem Kartoffelschäler in Fasson bringen.

Nun wird die Fenchelknolle halbiert. Den Strunk schneide ich nicht heraus, obwohl ich es unter Backpfeifen in meiner Lehre eingebläut bekam. Seit Neuestem bleibt der Strunk drin, nachdem mir eine wissende TV-Zuschauerin verbal die Bratpfanne über den Kopf gezogen hatte, ich würde ja das Beste wegschmeißen. Folgsam beherzigte ich ihren Rat und siehe da: die Frau hatte Recht. Wobei an dieser Stelle mal gesagt werden muss, dass in meinem Umfeld die Frauen immer Recht haben und ich stets in Sack und Asche gehen muss. Am schlimmsten ist meine Frau, die mich ständig kritisiert; schlimmer noch: Sie hat immer verdammt Recht.

Aber weiter mit dem Fenchel. Man kann ihn nun mit etwas Gemüsebrühe und Butter oder Olivenöl beträufelt in den Ofen schieben. Im Ofen geschmort, bekommt er fast die Kraft von Fleisch.

Wer eine scharfe Brotschneidemaschine sein Eigen nennt, der hobelt den Fenchel fein wie Sauerkraut und röstet ihn in Olivenöl bei großer Hitze vier Minuten schwenkend an. Pfeffer, Salz dran – ein wirkliches Gedicht.

Genauso dünn wie Sauerkraut geschnitten, mit Orangenfilets roh vermischt und dann mit Zitrone et cetera angemacht, hat man einen Salat, der zu allem passt, besonders jedoch zu Fisch und Meeresfrüchten. Es gibt sicher noch hunderte Variationen, Aufläufe, Suppen und Sonstiges. Aber die eben geschilderten Methoden sind eigentlich ziemlich ultimativ.

EIN WORT ZU BUTTERSCHMALZ

Eigentlich ein etwas grausliches Wort und meist schmeckt es auch grauslich. Vor gekauftem, fertigen Butterschmalz könnte ich fortlaufen. Es schmeckt käsig-ranzig. Und deshalb reden wir lieber von brauner Butter.

Man befördert frische oder bevorzugt die womöglich etwas angeschnarchte Butter vom Kühlschrank in den Topf. Die Butter wird flüssig und wenn man umrührt, sieht man weiße Milchschlieren. Diese Butter nennt man zerlassene Butter und sie kommt in meiner Küche nicht vor, weil sie käsig-säuerlich schmeckt. Also die Butter weiter erhitzen und immer rühren. Mit einem Bratenwender fleißig auf dem Boden entlangfahren, damit sich die Griebenbrösel dort nicht festsetzen. Werden diese braun, muss man schnell in einen bereitstehenden Topf umschütten, denn in wenigen Sekunden könnte alles überkochen und die Küche in Brand setzen. Drohen die heißen Schaumblasen trotzdem noch überzukochen, mit dem Löffel im Gebrodel herumrühren, bis sich die Lage entspannt. Ist es etwas abgekühlt, gießt man das Fett in bereitstehende Marmeladengläschen und kann diese im Kühlschrank mindestens vier Wochen lagern.

Achtung: Der Bodensatz ist das eigentliche Gold der guten Küche. Spätzle und Nudeln werden bekanntlich und traditionell mit Bröselschmälze beträufelt. Ursprünglich verwendete man dafür die sandartigen Buttergrieben. Davon schmeckt eine Messerspitze nach mehr Butter als ein halbes Päckchen frischer Butter. Mit einem Esslöffel der braunen Butter aus dem Glas erzeugt man ebenfalls einen bombastischen Buttergeschmack, der mit kiloweise frischer Butter nicht herzustellen ist.

DAS LEBEN WÄRE SO VIEL LEICHTER …
… WENN NICHT ALLES BIO HIESSE

Ein Gastbeitrag von Wiglaf Droste

„Schicken Sie mir zu Ihrem Text bitte auch eine Kurz-Bio mit?“, mailt ein Verleger, und obwohl ich Abkürzungen nicht unbedingt mag, bin ich doch erfreut darüber, dass die drei Buchstaben B-i-o ausnahmsweise einmal nichts Biologisch-Ökologisch-Dynamisches meinen, sondern etwas Biographisches. Von dem Beruhigungsmantra Bio, Bio, Bio überschwemmt und erschöpft, setze ich mich still hin und denke an eine Zeit, in der ich noch nicht mit Bio-Märkten, Bio-Siegeln und Bio-Zertifikaten beworfen wurde, als Bio noch nicht der letzte Strohhalm zum Anklammern war, noch nicht die Regel in jedem Regal und nicht der neueste Betrug in einer Weltgeschäftsordnung, deren oberstes Kriterium der Profit um jeden Preis ist. Die Zeitreise, die ich unternehme, trägt mich in ein Früher, in dem nichts besser, aber vieles weniger medial hysterisiert war und allein deshalb leichter schien. Bio war ganz simpel die Abkürzung für den Biologie-Unterricht. Wenn eine junge Referendarin stark pubertierenden Halbwüchsigen die Kunde vom sexuellen Leben hinterbrachte, hätte man mit der Luft im Klassenzimmer den Jahreshormonbedarf des ganzen Landes decken können. Da war jede Menge Biodynamik im Spiel.

Dann kam der erste Bioladen, der tatsächlich „Löwenzahn“ hieß und alternatives Leben zu verströmen schien. Man geriet in eine sakrale Besserwelt mit ganz unbegreiflichen Gesetzen und Ritualen. Betrat man die Hallen zum heiligen Ök mit einer Plastiktüte in der Hand, um unbedarft nach einem Brot zu fragen, war das ganz schlecht. Lange Zeit stand Bio für Alfred Biolek, mit dessen „alfredissimo“- Schmeckleckereien das Elend der Prominentenfernsehkocherei begann, das demonstrative Ausstellen einer Geschwätzigkeit, die den Genuss, um den es angeblich gehen sollte, stark schmälerte und im Gegenteil das Unterhaltung simulierende Getue mehrte. Die Folgen sind bis heute zu spüren: Der Lebensmittelhöker Rewe wirbt mit einer „Expedition Genuss", als müsse man sich zum Einkaufen im „Outdoor-Shop" von Jack Wolfskinhead ausrüsten, „draußen zu Hause" sein und Kunststoffkleidung anlegen; auch „Bio-Produkte für Besseresser" sind dort im Angebot, denn der Hauptanteil des Genießens ist offenbar die Freude am sozialen Gefälle: Ich kann mir das leisten, die anderen eben nicht.

In der moralisierend übergriffigen Biowelt darf auch die Biometrie nicht fehlen; die „biometrietauglichen Fotos" im fälschungssicheren Fahndungsausweis befriedigen paranoide Überwachungsbedürfnisse und klingen gleichzeitig fanatisch ökologisch.

Kann der omnipräsente Zweisilber Bio bitte durch etwas weniger Penetrantes ersetzt werden? Sonst muss man am Ende noch zur Gegenwehr des Witzes greifen: Bekommen Fahrzeuge, die mit Bio-Sprit betankt werden, eigentlich einen Maiskolbenfresser?

DANKSAGUNG

an meine geduldigen Mitarbeiter, meine Frau und Tochter, Freundinnen und Freunde. Besonderen Dank an meinen Sohn Lenny, der immer Verständnis zeigte, dass ich für alles Zeit habe, nur nicht für ihn. Unter der Erstellung des Buches litten alle genauso an mir, wie ich an diesem Buch zu leiden hatte.

Große Hilfe beim Vorsortieren der Rezepte leistete die bezaubernde Christiana Niemann aus Hamburg.

Wiglaf Droste sei für den Schmutztitel und sein Nachwort und für jahrzehntelangen Rat und Horizonterweiterung kräftig umarmt.

Johanna Stotz, Korrektorin von enormer Professionalität, sie sorgt seit vielen Jahren dafür, dass meine Legasthenie bisher unentdeckt blieb.

Für die zweite Auflage noch großen Dank an Friedrich Pfäfflin. Sein professionell geschultes Auge macht nun die Erstauflage zu einer wahren Rarität, womöglich ähnlich der teuren Fehlfarben bei alten Briefmarken. Die zweite Auflage jedoch, von Herrn Pfäfflin auf Satz- und Buchstabenlause durchforstet, ist nun noch mehr ein wahrer Genuß und letztlich ein Triumph der Akribie.

Schlussendlich noch eine Handreichung an den so hilfreichen „Beifahrer" Frieder Weitbrecht. Der erfahrene Bücherwurm verhalf mit virtuos die Schlaglöcher des Verlagswesens zu umsteuern.

EDITION HÄUPTLING EIGENER HERD

VINCENT KLINK

ISBN 978-3-927350-53-3

2., durchgesehene Auflage 3. - 8. Tausend 2014

Vincent Klink, Alte Weinsteige 71, 70597 Stuttgart

E-Mail: redaktion@haeuptling-eigener-herd.de

Internet: www.wielandshoehe.de

SCHLUSSKORREKTUR: Friedrich Pfäfflin, Johanna Stotz

DRUCK: Gulde Druck, Tübingen

ILLUSTRATION, GESTALTUNG, SATZ:
Vincent Klink

Buchhandelspreis 29,00 Euro

BESTELLADRESSEN FÜR DEN BUCHHANDEL:
Über KNV oder Umbreit

Liebe Leser, es könnte sein, dass ich mir in diesem Buch einige Male widerspreche. Nehmen Sie es mir nicht krumm, ehrlich gesagt, ich widerspreche mir nämlich lieber selbst, als mir von anderen widersprechen zu lassen. Howgh!